# *Tá no forno!*

*Receitas da chef Carla Pernambuco*

**Dados Internacionais de Catalogação na Publicação (CIP)**
**(Simone M. P. Vieira - CRB 8ª/4771)**

Pernambuco, Carla.
Tá no forno! Receitas da chef Carla Pernambuco / Carla
Pernambuco. – São Paulo: Editora Senac São Paulo, 2024.

ISBN 978-85-396-4626-5 (impresso/2024)
eISBN 978-85-396-4627-2 (PDF/2024)
eISBN 978-85-396-4628-9 (ePub/2024)

1. Culinária multicultural   2. Gastronomia   I. Pernambuco,
Carla.  II. Título.  III. Série.

24-2128r                               CDD – 641.013
                                       BISAC CKB023000

**Índice para catálogo sistemático:**
1. Gastronomia     641.013

# *Tá no forno!*

## *Receitas da chef Carla Pernambuco*

Editora Senac São Paulo – São Paulo – 2024

*Nota do editor* 9

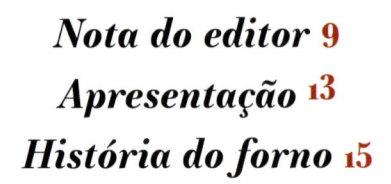

*Apresentação* 13

*História do forno* 15

## *Entradas*

Tortinha de batata com camarão 20

Torta de abobrinha com emmenthal 22

Suflê de cenoura com queijo canastra 25

Quibe de abóbora 27

Pastel integral com mix de cogumelos 29

Empadinhas de palmito pupunha 32

Pastel de forno de bauru 35

Empanadas de carne 36

Biscoito de polvilho 39

Wellington vegetariano 40

## *Carnes*

Rosbife 44

Carne assada clássica 45

Paleta de cordeiro 46

Filé Wellington **48**
Lombo suíno **50**
Costelinha suína cozida em baixa temperatura **52**
Cupim assado **54**
Joelho de porco assado **56**
Ossobuco ao vinho branco **58**

## *Aves e peixes*

Frango de padaria **62**
Frango da Carlota **64**
Pargo assado oriental **66**
Confit de pato **68**
Rillettes de galinha-d'angola **70**
Bacalhau à portuguesa **72**
Polpetone de linguado **74**
Torta de pato com olivas **76**
Galetinho **79**

## *Molhos & Cia.*

Fonduta de queijo azul **82**
Molho de mostarda **83**
Molho espanhol **84**

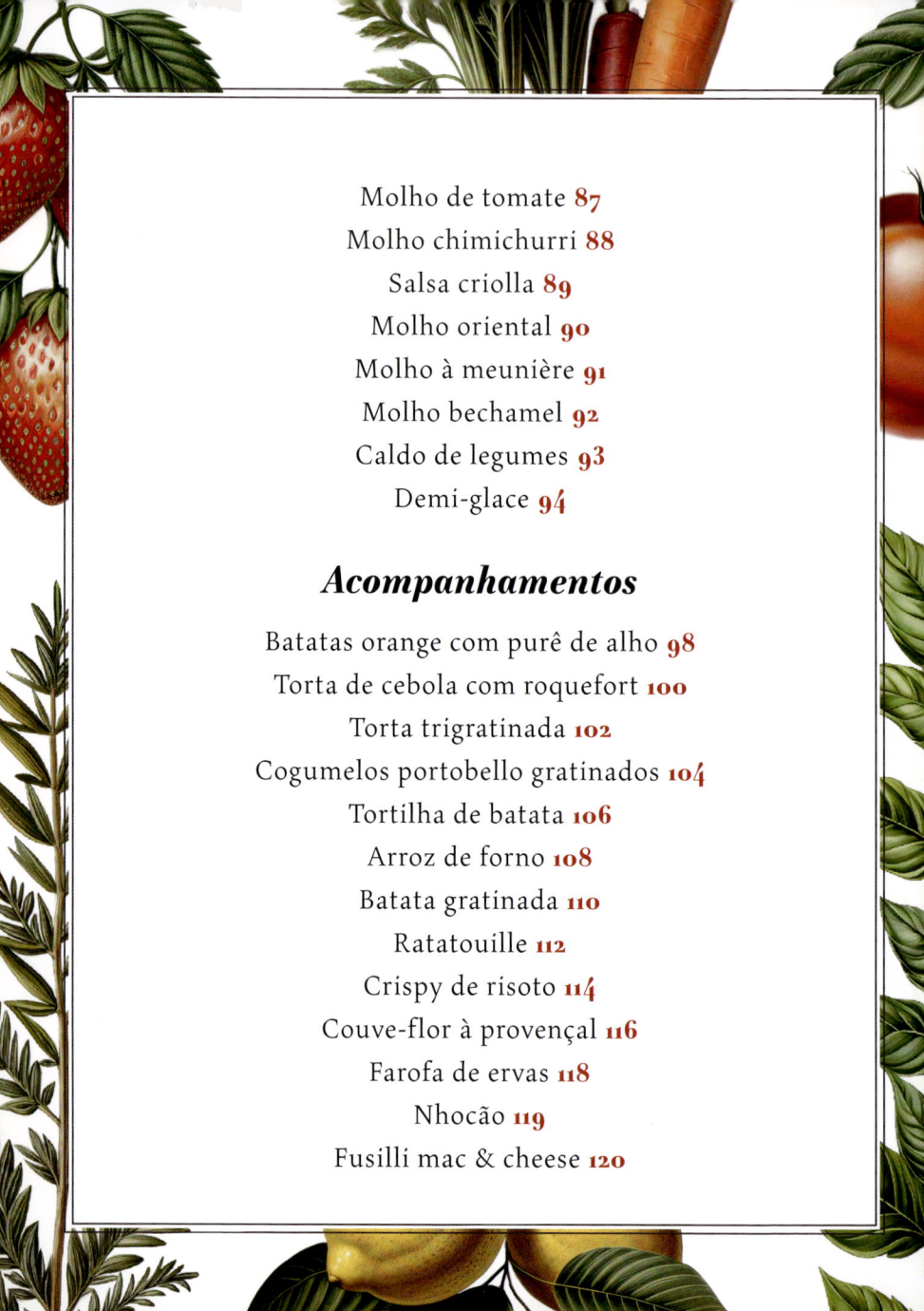

Molho de tomate 87
Molho chimichurri 88
Salsa criolla 89
Molho oriental 90
Molho à meunière 91
Molho bechamel 92
Caldo de legumes 93
Demi-glace 94

## *Acompanhamentos*

Batatas orange com purê de alho 98
Torta de cebola com roquefort 100
Torta trigratinada 102
Cogumelos portobello gratinados 104
Tortilha de batata 106
Arroz de forno 108
Batata gratinada 110
Ratatouille 112
Crispy de risoto 114
Couve-flor à provençal 116
Farofa de ervas 118
Nhocão 119
Fusilli mac & cheese 120

## *Sobremesas*

Petit gâteau de limão-siciliano **124**
Bolo de chocolate com caramelo e pistache **126**
Quindim de maracujá **128**
Torta cremosa de chocolate **130**
Pudim de doce de leite **132**
Bom-bocado de aipim **133**
Cheesecake tradicional **134**
Cobbler de maçãs e amoras **136**
Cuca de banana **138**
Brownie **140**
Blondie de mirtilos **142**
Crumble de banana **144**
Cocada de forno **146**

## *Sobre a autora* **148**
## *Índice de receitas* **150**

## *Nota do editor*

CARLA PERNAMBUCO É, SEM DÚVIDAS, um dos grandes nomes da culinária atual. À frente do Carlota, seu restaurante multicultural prestes a completar 30 anos, a chef se dedica incansavelmente a explorar sabores e misturas, com um olhar apurado para tendências e sempre à procura de um projeto inovador.

Nesta publicação Carla dá vez ao forno, um equipamento presente em grande parte dos lares brasileiros, mas que nem todos se encorajam a desbravar. Em *Tá no forno!*, ela nos apresenta de receitas sutis a elaborados preparos que o colocam como a grande estrela.

É com satisfação que o Senac São Paulo traz a público este projeto, reforçando seu papel como uma instituição de referência no ensino e em publicações de gastronomia e proporcionando aos leitores uma seleção de receitas imperdíveis.

À dona Marlene Danesi,
minha amada mãe,
in memoriam.

"Pessoas que gostam de comer são sempre as melhores pessoas."

— Julia Child

# *Apresentação*

O QUE O FORNO PODE FAZER POR UM ALIMENTO e o que esse alimento pode fazer por nossa refeição tem nome: chama-se transformação! A comida que vai ao forno é transformada pelo calor, pela relação entre tempo e temperatura que será aplicada sobre ela e que está totalmente sob nosso controle. Um pouco de calor a mais pode queimar; a menos, pode ficar cru ou sem graça, e, na medida, é o paraíso.

A ideia aqui é apresentar receitas testadas e provadas que fazem do forno o instrumento mais importante na elaboração de um único prato ou de uma refeição completa, incluindo entrada, prato principal, acompanhamentos e sobremesa.

Entrar com a assadeira e uma proposta de refeição e sair com uma solução: é isso o que o forno vem fazendo por nós quando o ligamos para nos alimentar. Tem sido assim há mais de 5 mil anos, quando foi construído em barro e pedras um lugar para assar pães, conforme registros encontrados na China. Essa história evoluiu com tecnologia e recursos, e diversas maneiras de preparar a comida no forno foram adicionadas à nossa cultura alimentar. Mais recentemente, o forno tem sido protagonista de grandes momentos da culinária, revelando preparos que valorizam os ingredientes, preservam suas propriedades nutritivas e lhes conferem sabores e texturas deliciosas, até inesperadas. Pense em uma couve-flor, cogumelos, frutas, aves, peixes, todos bronzeados, talvez salgados, exalando perfumes...

Fé na cumbuca! Não vamos nos aventurar em fornos de pedra ou à lenha – só se você quiser. Alcançamos tanta tecnologia e inteligência nesses equipamentos que podemos escolher de que forma assar, aquecer e grelhar, usando fornos de convecção, broilers, grills e até robôs. Sem falar na praticidade de dar ordens para assistentes virtuais realizarem o serviço. O objetivo deste livro é oferecer repertório para dominar o uso cotidiano do forno ou mesmo para momentos mais sofisticados, com mais ou menos comensais à mesa, tirando proveito máximo de tudo o que esse instrumento de cozinhar permite.

ABRA O FORNO E DEIXE A
TRANSFORMAÇÃO ACONTECER!

# *História do forno*

O FORNO TEM PAPEL FUNDAMENTAL no desenvolvimento da alimentação humana. A capacidade de assar alimentos permitiu que os antepassados mais longínquos da espécie obtivessem nutrientes e calorias a partir de alimentos cozidos no calor. Isso contribuiu para o desenvolvimento do homem e das civilizações. A utilização do forno para cozer alimentos remonta a mais de 5 mil anos. Existem registros do uso de fornos de pedras e argila para cozinhar desde a Pré-História, além da fogueira, onde o alimento era colocado diretamente no fogo. Na China, o uso de fornos para cozinhar remonta pelo menos ao século III a.C. O pão cozido em forno na China é conhecido como *mantou* ou *baozi* – um alimento popular no país continental até hoje. Na Índia, o *tandoor* é um forno tradicional usado há séculos para assar pães, como o *naan* e o *roti*. No *tandoor* também são assadas carnes e receitas clássicas, como o frango *tandoori* e *kebabs*. O *tandoor* é feito de argila e aquecido com carvão ou madeira, o que confere aos alimentos um sabor defumado característico.

Existem algumas tradições ligadas à religião envolvendo os fornos. São Lourenço é um santo católico nascido no século III em Huesca, atual Espanha. Diácono da Igreja Católica durante o reinado do imperador romano Valeriano, São Lourenço foi encarregado de administrar os bens da Igreja e de distribuir ajuda aos pobres. Durante uma perseguição aos cristãos, o imperador ordenou que ele entregasse os tesouros da Igreja, mas, em vez disso, o diácono distribuiu tudo aos necessitados. O imperador, furioso, ordenou que São Lourenço fosse queimado vivo em um forno. Há uma crença de que, durante seu martírio, São Lourenço teria afirmado que estava "assado de um lado e cru do outro", referindo-se à dor que sentia, mas também à sua inabalável fé em Deus. Por causa dessa história, São Lourenço se tornou o padroeiro dos cozinheiros e de todos os profissionais que trabalham com o fogo. Seu dia é comemorado em 10 de agosto, com festejos em que a comida é preparada nos fornos.

Há também o santo padroeiro dos padeiros, Santo Honório de Amiens. Bispo no século VI, ficou conhecido por fornecer pão para os pobres de sua diocese e por suas habilidades como padeiro. Diz a lenda que, um dia, quando estava assando pão na véspera de uma festa religiosa, suas orações foram tão poderosas que o pão cresceu sozinho, sem que ele tivese que fazer nada, o que foi considerado um milagre. Muitas pessoas acreditam que invocações a Santo Honório podem garantir que o cozimento de alimentos no forno seja bem-sucedido e seguro. Seu dia é comemorado em 16 de maio.

Os santos abençoam cozinheiros e refeições até os nossos tempos, quando os equipamentos de cozinha evoluíram tanto em segurança e resultados que podem preparar uma refeição sozinhos. É lógico que a colaboração de chefs, cozinheiros e cozinheiras, culinaristas e especialistas são parte desse sucesso, criando, sugerindo e testando receitas para os fabricantes dos fantásticos gadgets para cozinhar que chegam ao mercado. Do revolucionário micro-ondas, surgido no pós-guerra, aos fornos combinados desenvolvidos para as cozinhas profissionais nos anos 1970, os elétricos, a gás, a vapor e os robôs contemporâneos, avançamos pelo século

XXI com uma gama de opções para assar, grelhar, gratinar, dourar e tostar nosso alimento.

As gerações nascidas entre os anos 1980 e 1990, sejam fluentes ou temerosas na cozinha, utilizam os equipamentos tanto no seu dia a dia doméstico quanto no ambiente de trabalho, onde fazem refeições durante o expediente – mesmo que seja somente para esquentar a comida. Grande parte desse grupo cozinha em casa, pois considera que é melhor para sua saúde e boa forma. Ponto para os fornos, que ganham mais valor entre esse público: o de preservar as propriedades nutricionais dos alimentos – assada, a comida é mais saudável.

O bendito forno segue sua jornada atravessando o tempo e a história na companhia de milhares de gerações de alegres comensais que, mesmo que mudem os costumes e a sociedade, sempre vão sorrir ao pressentir aromas e sabores cada vez que sua porta abre...

# ENTRADAS

Que tal tirar do forno os sabores que vão abrir a festa e o paladar? Tortinhas, pastéis, empanadas, biscoitos, suflês são abre-alas para as refeições. Também podem ser o tema completo de um encontro, com fornadas diversas e saborosas para alimentar o momento, seja para dois ou para muitos. Capriche desde o começo!

Tortinha de batata com camarão
Torta de abobrinha com emmenthal
Suflê de cenoura com queijo canastra
Quibe de abóbora
Pastel integral com mix de cogumelos
Empadinhas de palmito pupunha
Pastel de forno de bauru
Empanadas de carne
Biscoito de polvilho
Wellington vegetariano

# Tortinha de Batata
## com camarão

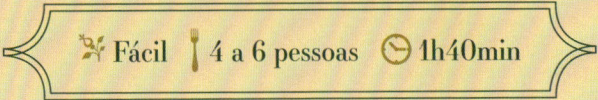

Fácil | 4 a 6 pessoas | 1h40min

## – INGREDIENTES –

- 4 a 5 unidades (600 g) de batata asterix descascada e cortada em rodelas
- 2 cebolas cortadas em julienne
- 2 dentes de alho inteiros e sem casca
- 1 ramo de tomilho fresco
- 300 mL de azeite de oliva
- 1 folha de louro
- 5 ovos
- 200 g de camarão cinza médio sem casca
- Sal a gosto
- Pimenta-do-reino preta moída na hora a gosto
- 100 g de muçarela ralada

## – MODO DE PREPARO –

1. Preaqueça o forno a 120 °C (temperatura baixa).
2. Coloque as rodelas de batata, a cebola, os dentes de alho e o tomilho em um tabuleiro, cubra com azeite de oliva, coloque a folha de louro e leve ao forno preaquecido para assar por 1 hora.

3. Retire do forno, retire o excesso de azeite e reserve as batatas assadas com a cebola e o alho e o azeite separadamente.
4. Em uma tigela, bata os ovos, acrescente os camarões crus, acerte o sal e a pimenta-do-reino.
5. Em uma fôrma antiaderente redonda de 20 a 25 cm de diâmetro e com pelo menos 4 cm de altura, distribua as batatas assadas, faça uma camada com a metade da muçarela ralada e cubra com a mistura de ovos e camarões.
6. Finalize com o restante da muçarela ralada por cima e a pimenta moída. Leve ao forno preaquecido a 160 °C para assar por 20 minutos. Depois, aumente a temperatura do forno para 180 °C, até dourar.

## Palavra da chef

- Na linguagem dos chefs de cozinha, o corte *julienne* é o corte em tirinhas – essa técnica é francesa.

- Sugiro camarões cinza médios, mas você pode fazer com o camarão que quiser, o importante é que esteja limpo e com tamanho uniforme. Se tiver uns camarões maiores e outros menores, corte os maiores, deixando todos parecidos.

- O azeite de oliva que você reservou poderá ser reutilizado no preparo de um refogado ou até para temperar uma salada. Lembrando que ele estará com um leve sabor de alho, cebola e tomilho. Delicioso!

# Torta de Abobrinha
## com emmenthal

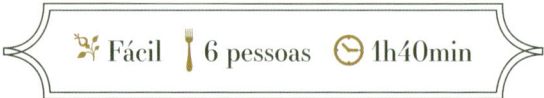

Fácil | 6 pessoas | 1h40min

## – INGREDIENTES –

*Massa*
- 250 g de farinha de trigo
- 125 g de manteiga sem sal
- Sal a gosto
- 15 g de semente de linhaça
- 50 mL de água gelada
- 15 g de farelo de trigo (opcional)
- Azeite de oliva para untar a fôrma

*Recheio*
- 80 mL de azeite de oliva
- 4 cebolas cortadas em rodelas
- 2 abobrinhas italianas cortadas em rodelas bem finas e com a casca
- 1 colher (café) rasa de sal
- 1 ramo de tomilho fresco
- Pimenta-do-reino preta moída na hora a gosto
- 200 g de queijo emmenthal ralado para a montagem
- Gergelim preto torrado para decorar

*Creme*
- 3 ovos
- 300 mL de creme de leite fresco
- 1 colher (café) rasa de sal

## – MODO DE PREPARO –

### *Massa*

1. Preaqueça o forno a 180 °C (temperatura média).
2. Deixando a água por último, misture todos os ingredientes, amassando com as mãos até que a massa fique úmida, mas soltando das mãos.
3. Unte com azeite uma fôrma de aro removível de 25 a 30 cm de diâmetro. Na fôrma, abra a massa, deixando-a bem fina e forrando o fundo e as laterais. Leve ao congelador até endurecer (por aproximadamente 30 minutos).
4. Leve ao forno preaquecido para assar por 40 minutos. Retire e deixe esfriar.

### *Recheio*

1. Preaqueça o forno a 180 °C (temperatura média).
2. Em uma frigideira, aqueça duas colheres de sopa do azeite e doure as cebolas aos poucos. A cada leva de cebola, adicione um pouco mais de azeite. Queremos cebolas macias e levemente douradas, então pode levar um tempinho. Depois de dourar toda a cebola, retire da frigideira e reserve.
3. Na mesma frigideira, bem quente, doure as abobrinhas com o restante do azeite. Doure bem dos dois lados, colocando poucas rodelas de abobrinha por vez. Deixe-as esfriar em um prato ou refratário, bem espalhadas para não soltarem água nem continuarem cozinhando. Tempere-as com sal, tomilho e pimenta-do-reino.

4. Para fazer o creme do recheio, bata os ovos levemente, acrescente o creme de leite fresco, misturando devagar, e acerte o sal.

5. Recheie a massa pré-assada intercalando as cebolas, as abobrinhas e o queijo emmenthal ralado. Cubra-os com o creme.

6. Enfeite com gergelim e leve ao forno preaquecido para assar por 30 a 45 minutos.

## *Palavra da chef*

- *Doure as abobrinhas com a frigideira bem quente. Minha dica é pincelar o azeite nas abobrinhas e dourá-las rapidamente, por cerca de 30 a 40 segundos de cada lado, assim você evita o excesso de gordura e garante que os legumes selem e não cozinhem demais.*

- *Você pode usar outro queijo, caso não encontre o emmenthal. O importante é que o queijo tenha a massa mole, que derreta bem e tenha um sabor delicado.*

# Suflê de Cenoura
## com Queijo Canastra

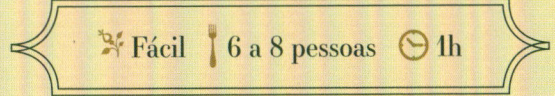

Fácil | 6 a 8 pessoas | 1h

## – INGREDIENTES –

- 2 ovos
- 2 colheres (sopa) de farinha de trigo
- 300 mL de leite
- 1 cebola picada em cubos
- 50 g de manteiga sem sal
- Sal a gosto
- Pimenta-do-reino preta moída na hora a gosto
- 220 mL de creme de leite fresco
- 2 cenouras sem casca raladas
- 50 g de queijo canastra ralado

## – MODO DE PREPARO –

1. Preaqueça o forno a 160 °C (temperatura baixa).
2. Separe as claras das gemas. Reserve as gemas. Bata as claras até o ponto de neve e reserve.
3. Dissolva a farinha de trigo em 100 mL de leite e reserve.

**4.** Refogue a cebola na manteiga, tempere com sal e pimenta-do-reino, depois adicione 200 mL de leite.

**5.** Acrescente ao refogado a mistura de farinha de trigo e leite. Mexa até engrossar.

**6.** Com o fogo apagado, adicione o creme de leite e mexa bem. Acrescente a cenoura ralada, as gemas e o queijo canastra ralado. Misture tudo e, por último, incorpore delicadamente as claras em neve.

**7.** Despeje a mistura em um refratário ou em pequenos ramequins e leve ao forno preaquecido para assar por 10 a 12 minutos ou até dourar.

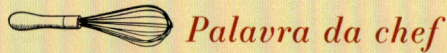

## *Palavra da chef*

- *Você pode usar outro queijo, caso não encontre o queijo canastra. O importante é que o queijo seja meia cura ou curado e que derreta bem.*

ENTRADAS

# Quibe de Abóbora

Fácil | 6 pessoas | 1h30min

## – INGREDIENTES –

- 1 xícara (chá) de trigo para quibe
- 1 ½ xícara (chá) de água morna
- 480 g de abóbora cabotiá cortada em cubos
- 1 cebola picada em cubinhos
- 3 dentes de alho picados em cubinhos
- 1 pimenta dedo-de-moça picada em cubinhos
- 30 g de gengibre ralado
- ½ colher (chá) de cominho em pó
- Sal a gosto
- Pimenta-do-reino preta moída na hora a gosto
- Hortelã picada a gosto
- 2 colheres (sopa) de manteiga sem sal

## – MODO DE PREPARO –

1. Preaqueça o forno a 180 °C (temperatura média).
2. Em uma tigela, coloque o trigo para quibe e acrescente a água morna. Deixe hidratar por 20 minutos ou até que o trigo tenha absorvido toda a água.
3. Disponha os cubos de abóbora cabotiá em uma assadeira. Leve ao forno preaquecido para assar por 30 minutos.
4. Transfira os cubos de abóbora assados para uma tigela e amasse-os até obter um purê rústico. Adicione o trigo hidratado e misture até ficar homogêneo. Acrescente a cebola, o alho, a pimenta dedo-de-moça, o gengibre e o cominho. Misture bem e tempere com sal, pimenta-do-reino e a hortelã picada. Acrescente a manteiga e misture tudo.
5. Disponha a mistura em uma assadeira, alise-a com uma espátula e risque a sua superfície com uma faca, formando pequenos losangos. Leve ao forno preaquecido para assar por 45 minutos.

ENTRADAS

# Pastel Integral
## com mix de cogumelos

Médio | 4 pessoas | 1h30min (+4h)*

## – INGREDIENTES –

### Massa
- 1 xícara (chá) de farinha de trigo integral
- 1 xícara (chá) de farinha de trigo branca
- ½ xícara (chá) de amido de milho
- 150 g de manteiga sem sal
- 1 colher (café) de sal
- ½ xícara (chá) de iogurte natural
- 1 ovo
- Azeite de oliva para untar a fôrma

### Recheio
- 200 g de cogumelo shiitake limpo, sem os talos e fatiado
- 200 g de cogumelo-de-paris limpo e fatiado
- 200 g de cogumelo shimeji limpo e separado em ramos
- 60 g de manteiga sem sal
- ½ xícara (chá) de azeite de oliva
- ½ xícara (chá) de vinho branco seco
- Sal a gosto
- Pimenta-do-reino preta moída na hora a gosto
- ½ xícara (chá) de creme de leite fresco

\* *O tempo de descanso da massa para esta receita é de 4 horas na geladeira.*

## – MODO DE PREPARO –

### *Massa*

1. Coloque em um processador de alimentos a farinha de trigo integral, a farinha de trigo branca, o amido de milho, a manteiga e o sal e processe até formar uma farofa.
2. Acrescente o iogurte e o ovo e processe por apenas mais alguns segundos.
3. Envolva a massa em um filme plástico e leve à geladeira por 4 horas ou reserve-a no freezer por 40 minutos para poder trabalhar com a massa gelada.

### *Recheio*

1. Em uma frigideira bem quente, grelhe os cogumelos separadamente com manteiga e azeite, até que eles fiquem bem dourados. Junte todos na mesma frigideira, acrescente o vinho e deixe reduzir o líquido até restar ⅓.
2. Adicione o creme de leite, abaixe o fogo e tempere com sal e pimenta-do-reino. Deixe reduzir até que o recheio adquira uma consistência cremosa. Espere esfriar antes de rechear os pastéis.

### *Montagem*

1. Preaqueça o forno a 180 °C (temperatura média).
2. Abra a massa com um rolo. Use um aro redondo de 10 a 15 cm de diâmetro para cortar a massa em círculos. Coloque o recheio em uma das metades de cada círculo e dobre-os ao meio, para fechar o pastel. Amasse as bordas com a ajuda de um garfo, com delicadeza para não furar a massa.
3. Unte uma fôrma com azeite e leve os pastéis ao forno preaquecido para assar por aproximadamente 20 minutos ou até ficarem dourados.

 *Palavra da chef*

- *Lembre-se: o tempo de descanso da massa pode ser de 4 horas na geladeira ou de 40 minutos no freezer.*

- *Para limpar os cogumelos o ideal é utilizar um pano limpo e úmido, pois os cogumelos absorvem água com facilidade. Se lavados em água corrente, eles podem ficar encharcados e acabar murchando na hora de cozinhar.*

- *Caso não queira fechar o pastel com um garfo, passe um pouco de água nas bordas e pressione-as com os dedos.*

# EMPADINHAS
## DE PALMITO PUPUNHA

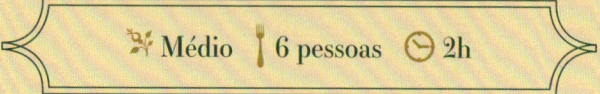

Médio | 6 pessoas | 2h

― INGREDIENTES ―

*Massa*
- 12 g de manteiga sem sal
- 15 mL de óleo de milho
- 60 g de ovo pasteurizado (ou 1 ovo tipo extra)
- 245 g de farinha de trigo
- ½ colher (café) de sal

*Recheio*
- 8 g de farinha de trigo
- 80 mL de leite
- 30 g de gema pasteurizada (ou 2 gemas)
- ½ cebola branca (ou 100 g) picada em cubinhos
- 1 dente de alho picado em cubinhos
- 120 g de manteiga sem sal
- 1 tomate sem pele e sem sementes (ou 140 g) cortado em cubinhos
- 450 g de palmito pupunha em cubinhos
- 10 mL de água
- 3 ramos de salsinha picada (somente as folhas)
- 6 azeitonas verdes sem caroço picadas em cubinhos
- 1 ovo cozido e picado
- Sal a gosto
- Pimenta-do-reino preta moída na hora a gosto

## – MODO DE PREPARO –

### *Massa*

1. Preaqueça o forno a 160 °C (temperatura baixa).
2. Em uma panela, derreta a manteiga e acrescente o óleo de milho e o ovo, misturando bem e rapidamente, só até homogeneizar. Cuidado para não cozinhar o ovo.
3. Despeje a farinha em uma bancada. Junte o sal. Faça um montinho com a farinha e abra um espaço no meio dele, em forma de "vulcão". Adicione a mistura de manteiga, óleo e ovo. Mexa com a ponta dos dedos, delicadamente, até juntar a massa. Deixe a massa descansar por 30 minutos.
4. Em forminhas de empada pequenas, abra a massa com a ponta dos dedos, forrando-as. Faça furos no fundo com auxílio de um garfo.
5. Disponha as forminhas em uma assadeira e pré-asse as empadas no forno por 5 minutos.

### *Recheio*

1. Preaqueça o forno a 200 °C (temperatura média).
2. Dilua a farinha de trigo no leite e na gema.
3. Refogue a cebola e o alho na manteiga. Junte o tomate e o palmito pupunha. Adicione a água e deixe cozinhar por alguns minutos.
4. Retire o recheio do fogo, acrescente a farinha de trigo diluída, misturando bem. Leve ao fogo novamente para espessar. Depois acrescente a salsinha, as azeitonas verdes e o ovo picado. Acerte o sal e a pimenta-do-reino. Deixe esfriar.
5. Recheie as empadinhas e leve-as para assar em forno preaquecido por 10 a 12 minutos. Sirva-as ainda mornas.

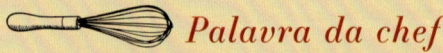 *Palavra da chef*

- Essa empadinha não tem erro, e ela é assim mesmo: sem tampa! Você pode preenchê-las até o recheio ficar um pouquinho para fora, como se fosse a tampa, mas alise-o para deixar homogêneo, assim elas douram por igual.

ENTRADAS

# Pastel de Forno
## DE BAURU

Fácil | 4 pessoas | 30min

### – INGREDIENTES –

- 160 g de massa para pastel de forno
- 80 g de muçarela ralada
- 80 g de presunto cozido
- ½ tomate sem pele e sem sementes cortado em cubinhos
- 1 g de orégano seco
- 4 gemas
- Azeite de oliva para untar a fôrma

### – MODO DE PREPARO –

1. Preaqueça o forno a 180 °C (temperatura média).
2. Abra a massa de pastel, recheie individualmente com muçarela, presunto e tomate, e finalize com o orégano. Feche os pastéis com o auxílio de um garfo. Pincele-os com a gema.
3. Unte uma fôrma com azeite e disponha nela os pastéis. Leve-os ao forno preaquecido para assar por 15 minutos.

# Empanadas de Carne

Fácil | 6 pessoas | 2h (+3h)*

## – INGREDIENTES –

*Massa*
- ¾ de xícara (chá) de água
- 10 g de sal grosso
- 220 g de banha de porco
- 500 g de farinha de trigo

*Recheio*
- 2 batatas asterix descascadas e picadas em cubos pequenos
- 50 g de banha de porco
- 400 g de acém ou coxão duro moído
- 400 g de cebola picada em cubos
- Sal a gosto
- 1 folha de louro
- 1 g de pimenta-do-reino preta moída
- 1 g de cominho em pó
- 1 g de páprica doce em pó
- 4 ovos cozidos e picados
- 7 talos de cebolinha picada

*Montagem e finalização*
- Azeite de oliva para untar a fôrma
- 1 gema para pincelar
- Leite para pincelar
- Açúcar branco para polvilhar

\* *O tempo de descanso da massa para esta receita é de 3 horas na geladeira.*

## – MODO DE PREPARO –

*Massa*

1. Aqueça a água e adicione o sal grosso, até dissolver os cristais por completo. Adicione a banha e deixe-a derreter.
2. Em uma tigela, peneire a farinha, faça um furo no meio e adicione a mistura ainda morna (não deixe esfriar).
3. Misture e sove, formando uma massa lisa. Embrulhe-a em filme plástico e deixe descansar na geladeira por 3 horas.
4. Com auxílio de um rolo, abra a massa e deixe-a bem fininha, com cerca de 3 mm de altura.
5. Com um aro redondo, corte discos de 12 cm de diâmetro.

*Recheio*

1. Cozinhe as batatas em um pouco de água até ficarem apenas macias. Reserve a água da cocção.
2. Em uma panela grande, derreta a banha, refogue a carne e a cebola com um pouco de sal. Acrescente o louro, a pimenta-do-reino, o cominho e a páprica, adicione a água da cocção das batatas, acerte o sal e mexa bem.
3. Espalhe o recheio em uma fôrma e deixe esfriar.
4. Adicione ao recheio as batatas, os ovos cozidos picados e a cebolinha, misturando com cuidado para que não fique homogêneo – a intenção é sentir o sabor de todos os ingredientes. Espere esfriar bem para rechear as empanadas.

### *Montagem e finalização*

1. Preaqueça o forno a 180 °C (temperatura média).
2. Disponha os círculos de massa em uma bancada, recheie-os e feche as empanadas.
3. Unte uma fôrma com azeite e disponha nela as empanadas. Pincele cada uma delas com a mistura de gema e leite e depois polvilhe açúcar. Fure as empanadas levemente com um garfo.
4. Leve ao forno preaquecido para assar de 15 a 20 minutos.

## *Palavra da chef*

♦ Essa massa é excelente, e você pode usar o recheio que quiser. Cebola caramelizada e cominho, brócolis com queijos, frango com milho, sua criatividade é o limite!

ENTRADAS

# Biscoito de Polvilho

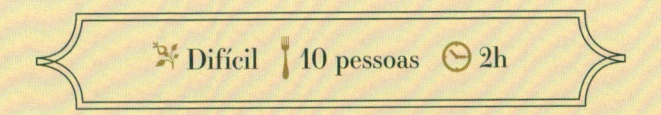

Difícil | 10 pessoas | 2h

## – INGREDIENTES –

- 1 kg de polvilho azedo
- 200 mL de água
- 200 mL de óleo de milho
- 400 mL de leite integral gelado
- 40 g de sal
- 4 ovos tipo extra (ou 260 g de ovo pasteurizado)

## – MODO DE PREPARO –

1. Em uma tigela, misture o polvilho com a água. Esfarele a mistura com as mãos e passe-a por uma peneira.
2. Em uma panela, aqueça levemente o óleo, o leite e o sal e misture ao polvilho, sovando a massa.
3. Junte os ovos, um a um, e sove mais a massa, até ficar homogênea. Deixe a massa descansar por 30 minutos em temperatura ambiente.
4. Preaqueça o forno a 180 ºC (temperatura média).
5. Forre uma fôrma com um tapete de silicone ou papel antiaderente (como o papel-manteiga). Com o auxílio de um saco de confeitar, modele os biscoitos no formato desejado. A sugestão é fazer "palitos" de cerca de 15 g.
6. Leve ao forno preaquecido para assar por 20 a 25 minutos. Sirva com a fonduta de queijo azul, que está na p. 82. Fica uma delícia!

## Wellington Vegetariano

Difícil | 2 pessoas | 2h

### – INGREDIENTES –

- 50 g de cenoura descascada e cortada em bastonete
- 40 g de alho-poró cortado em bastonete
- 20 g de salsão cortado em bastonete
- 50 g de nabo cortado em bastonete
- 50 g de couve-flor em floretes
- 50 g de brócolis em floretes
- Sal a gosto
- Pimenta-do-reino preta moída na hora a gosto
- 20 mL de azeite de oliva extravirgem
- 1 g de tomilho fresco
- 15 g de cogumelo-de-paris limpo* e cortado ao meio
- 15 g de cogumelo shiitake limpo e cortado em 4 pedaços
- 15 g de cogumelo shimeji limpo e separado em ramos
- 250 g de massa folhada
- 25 g de mostarda de Dijon
- 2 gemas para pincelar

---

\* Sobre a limpeza dos cogumelos, ver p. 31.

ENTRADAS

## – MODO DE PREPARO –

1. Preaqueça o forno a 210 °C (temperatura alta).
2. Leve os legumes para cozinhar no vapor por cerca de 6 minutos. Tempere-os com sal, pimenta-do-reino, azeite e tomilho. Reserve.
3. Tempere os cogumelos com sal, azeite, tomilho e pimenta-do-reino a gosto. Leve os cogumelos para grelhar separadamente em uma frigideira bem quente e com um fio de azeite; a intenção é que eles dourem e não percam a água. Pique os cogumelos bem pequenos, até virarem uma espécie de pasta.
4. Corte 2 pedaços de massa folhada com 8 × 12 cm. Em um deles, pincele a mostarda de Dijon. Disponha os cogumelos sobre a mostarda. Em seguida, disponha os legumes na longitudinal sobre os cogumelos. Cubra e feche a massa como um cilindro.
5. Acomode a massa em uma assadeira, pincele gema por cima e leve ao forno preaquecido para assar por 12 minutos.

# CARNES

Assar carnes no forno é uma escolha inteligente: preserva as propriedades dos alimentos e destaca suas texturas – em cores e em consistência. Além disso, o que desliza pela casa e a cozinha são os aromas convidativos da comida, e sem escorregar na fritura. A técnica permite tanto cozimentos profundos quanto superficiais, como no rosbife, aproveitando toda a peça no assamento. Se por acaso houver sobras, pode-se reaproveitar o que restou para produzir outras receitas. O forno recebe as carnes convidadas sem distinção e vem fazendo isso há tempos imemoriais, desde que foi inventado. Sejam bem-vindos, paletas, costelas, ossobucos, joelhos e filés!

⚜

*Rosbife*

*Carne assada clássica*

*Paleta de cordeiro*

*Filé Wellington*

*Lombo suíno*

*Costelinha suína cozida em baixa temperatura*

*Cupim assado*

*Joelho de porco assado*

*Ossobuco ao vinho branco*

⚜

# Rosbife

Fácil | 6 pessoas | 30min (+14h)*

## – INGREDIENTES –

- 1 kg de entrecôte limpo
- 20 g de sal grosso
- 150 g de molho chimichurri (ver p. 88)

## – MODO DE PREPARO –

1. Salgue a carne e deixe-a na geladeira por pelo menos 12 horas. Caso não consiga salgar o entrecôte de um dia para o outro, você pode substituir o sal grosso por sal fino e salgar a carne poucos minutos antes de levá-la ao forno, mas certifique-se de que o sal foi bem distribuído por toda a peça.
2. Preaqueça o forno a 280 ºC (temperatura muito alta).
3. Disponha a carne em uma assadeira. Leve ao forno preaquecido para assar por cerca de 20 minutos.
4. Retire do forno e deixe resfriar naturalmente por 20 minutos. Depois, coloque na geladeira por mais 2 horas.
5. Sirva em fatias bem finas com o molho chimichurri fresco.

---

\* O tempo de descanso desta receita é de aproximadamente 14 horas.

# Carne Assada Clássica

*Fácil | 6 pessoas | 1h30min*

## – INGREDIENTES –

- 1,5 kg de alcatra bovina limpa
- 25 g de sal
- 5 g de pimenta-do-reino preta moída

## – MODO DE PREPARO –

1. Preaqueça o forno a 180 °C (temperatura média).
2. Tempere a alcatra com sal e pimenta. Disponha-a em uma fôrma e cubra com papel-alumínio. Leve ao forno preaquecido para assar por 1 hora. Depois desse tempo, retire o papel-alumínio (com cuidado, pois a fôrma estará quente e o vapor vai subir), aumente a temperatura do forno para 220 °C e deixe até dourar por cerca de 20 minutos.

## *Palavra da chef*

- *Essa carne vai bem com quase tudo! Quando sobra, fatio em pedaços bem fininhos e faço sanduíches no dia seguinte: pão, maionese, mostarda, fatias da carne, tomate e alface. Fica uma delícia!*

# Paleta de Cordeiro

Fácil | 4 pessoas | 3h (+12h)*

## – INGREDIENTES –

- 1,3 kg de paleta de cordeiro
- 2 cebolas picadas em cubos grandes
- 2 cenouras picadas em cubos grandes
- 2 talos de salsão picados
- ½ alho-poró picado
- 8 dentes de alho amassados
- 3 ramos de alecrim fresco
- 3 ramos de tomilho fresco
- 3 ramos de orégano fresco
- 200 mL de vinho branco seco
- 50 mL de xarope de romã
- 30 g de sal
- 3 g de pimenta-do-reino preta moída
- 3 g de páprica defumada
- 1 folha de louro fresco
- 250 mL de água para diluir a marinada

---

\* *O tempo de marinada para esta receita costuma ser de 12 horas.*

## – MODO DE PREPARO –

1. Prepare uma marinada, misturando todos os ingredientes.
2. Faça pequenos furos na paleta e unte-a bem, por toda a superfície, com a marinada. Deixe-a marinando por 12 horas na geladeira em um pote ou saco para marinar fechado.
3. Preaqueça o forno a 140 ºC (temperatura baixa).
4. Disponha a paleta com a marinada em uma fôrma grande, cubra com papel-alumínio e leve ao forno preaquecido para assar por 4 horas. Depois desse tempo, retire o papel-alumínio (com cuidado, pois a fôrma estará quente e o vapor vai subir). Aumente a temperatura do forno para 220 ºC e deixe a paleta dourar, o que deve levar de 30 a 40 minutos.

### *Palavra da chef*

- *Caso não consiga deixar a carne marinando pelo tempo recomendado, deixe o máximo que conseguir. Ficará gostoso também, mas com sabor menos intenso.*

- *Você pode fazer um belo molho com a marinada assada que sobrou na fôrma. Dissolva 1 colher (sopa) de amido de milho em 3 colheres (sopa) de água. Em uma panela, peneire a marinada e adicione o amido dissolvido. Mexa bem até ferver e homogeneizar, deixando o molho dar uma leve engrossada. Ajuste o sal se necessário e sirva com a paleta.*

# Filé Wellington

Médio · 4 pessoas · 1h30min

## – INGREDIENTES –

### Mix de cogumelos

- 200 g de cogumelo shimeji limpo* e separado em ramos
- 200 g de cogumelo shiitake limpo e cortado em julienne
- 200 g de cogumelo-de-paris limpo e cortado em lâminas
- 150 g de azeite de oliva
- 10 g de sal
- 3 g de pimenta-do-reino preta moída na hora
- 2 g de tomilho fresco

### Filé Wellington

- 900 g de coração de filé-mignon
- 10 mL de azeite de oliva
- 10 g de sal
- 3 g de pimenta-do-reino preta moída na hora

### Montagem e finalização

- 250 g de massa folhada
- 1 gema para pincelar
- Manteiga sem sal para untar

---

\* *Sobre a limpeza dos cogumelos, ver p. 31.*

## – MODO DE PREPARO –

### *Mix de cogumelos*

1. Preaqueça o forno a 200 °C (temperatura média).
2. Tempere os cogumelos com azeite, sal, pimenta-do-reino e o tomilho desfolhado. Disponha-os em uma fôrma e leve-os ao forno preaquecido para assar por 20 a 25 minutos.
3. Retire do forno e pique bem, até virar uma espécie de pasta.

### *Filé Wellington*

1. Preaqueça o forno a 260 °C (temperatura muito alta).
2. Unte o filé-mignon com azeite e tempere-o com sal e pimenta-do-reino. Acomode-o em uma fôrma e leve ao forno preaquecido para assar por 6 minutos. Retire do forno e deixe descansar por cerca de 20 minutos, até esfriar.

### *Montagem e finalização*

1. Espere o mix de cogumelos e o filé-mignon esfriarem.
2. Preaqueça o forno a 220 °C (temperatura alta).
3. Com todos os recheios frios, abra a massa folhada e disponha os cogumelos, depois coloque o filé-mignon sobre eles. Feche a massa e corte as sobras.
4. Unte uma fôrma com manteiga, disponha o filé Wellington e pincele-o com a gema. Asse por 12 a 15 minutos no forno preaquecido.

## *Palavra da chef*

- *O corte julienne é o famoso corte em tirinhas.*
- *Se quiser, pincele mostarda de Dijon ou mostarda à l'ancienne na massa folhada antes de colocar o mix de cogumelos.*

# Lombo Suíno

**Fácil | 6 pessoas | 1h30min (+12h)*** 

## – INGREDIENTES –

- 1 kg de lombo suíno
- 2 cebolas picadas em cubos grandes
- 1 cenoura picada em cubos grandes
- 1 alho-poró picado em cubos grandes
- 3 dentes de alho amassados
- 3 ramos de alecrim fresco
- 3 ramos de tomilho fresco
- 150 mL de vinho branco seco
- 50 mL de conhaque
- 70 g de mostarda de Dijon
- 50 mL de mel
- 30 g de sal
- 5 g de pimenta-do-reino preta moída
- 5 g de páprica defumada
- 1 folha de louro fresco
- 100 mL de água

---

\* *O tempo de marinada para esta receita costuma ser de 12 horas.*

## – MODO DE PREPARO –

1. Prepare uma marinada, misturando todos os ingredientes.
2. Faça pequenos furos no lombo e unte-o bem, por toda a superfície, com a marinada. Deixe-o marinando por 12 horas na geladeira em um pote ou saco para marinar fechado. Se puder, vire a carne na metade do tempo.
3. Preaqueça o forno a 180 °C (temperatura média).
4. Disponha o lombo em uma fôrma junto com os temperos. Leve ao forno preaquecido, com a fôrma coberta com papel-alumínio, e asse por 50 minutos. Depois desse tempo, retire o papel-alumínio (cuidado, a fôrma estará quente e o vapor vai subir), aumente a temperatura do forno para 220 °C e deixe até dourar por cerca de 20 minutos.

### *Palavra da chef*

- Na receita "Paleta de cordeiro", na p. 47, falei sobre o tempo da marinada e também de como aproveitar o que sobrou na fôrma para fazer um delicioso molho.

# Costelinha Suína
## COZIDA EM BAIXA TEMPERATURA

Fácil | 6 pessoas | 3h30min (+12h)*

## – INGREDIENTES –

- 2 kg de costelinha suína
- 1 cebola picada em cubos grandes
- 2 cenouras picadas em cubos grandes
- 1 alho-poró picado em cubos grandes
- 1 ramo de alecrim fresco
- 3 ramos de tomilho fresco
- 3 dentes de alho macerados
- Suco de 1 limão-cravo
- 200 mL de vinho branco seco
- 50 mL de melaço de cana
- 30 g de sal
- 3 g de páprica defumada
- 3 g de páprica picante
- 250 mL de água

---

\* *O tempo de marinada para esta receita costuma ser de 12 horas.*

## – MODO DE PREPARO –

1. Prepare uma marinada, misturando todos os ingredientes.
2. Unte bem toda a superfície da costelinha com a marinada. Deixe-a marinando por 12 horas na geladeira em um pote ou saco para marinar fechado. Se puder, vire a carne na metade do tempo.
3. Preaqueça o forno a 120-140 °C (temperatura baixa).
4. Disponha a carne com os temperos em uma assadeira grande, cubra com papel-alumínio e leve ao forno preaquecido para assar por 3 horas. Depois desse tempo, retire o papel-alumínio (com cuidado, pois a fôrma estará quente e o vapor vai subir), aumente a temperatura para 240 °C e deixe por mais 30 minutos ou até dourar.

### *Palavra da chef*

- Na receita "Paleta de cordeiro", na p. 47, falei sobre o tempo da marinada e também de como aproveitar o que sobrou na fôrma para fazer um delicioso molho.

# Cupim Assado

**Fácil** | **4 pessoas** | **2h40min (+6h)***

## – INGREDIENTES –

- 1,2 kg de cupim
- 30 g de sal grosso
- 5 g de pimenta-do-reino preta moída
- 10 grãos de zimbro
- 3 folhas de louro
- 100 mL de vinho tinto

## – MODO DE PREPARO –

1. Faça furos no cupim e tempere-o com sal, pimenta-do-reino, zimbro e a folha de louro esmagada. Os temperos devem penetrar nos furos.
2. Leve para marinar na geladeira por pelo menos 6 horas, no vinho, em um saco plástico alimentício. Vire a carne na metade do tempo.
3. Preaqueça o forno a 160 ºC (temperatura baixa).

---

\* *O tempo de marinada para esta receita costuma ser de 6 horas.*

4. Retire o excesso da marinada, elimine os grãos de zimbro e as folhas de louro. Disponha o cupim em uma fôrma e cubra com papel-alumínio. Leve ao forno preaquecido para assar por 2 horas. Depois desse tempo, retire o papel-alumínio (com cuidado, pois a fôrma estará quente e o vapor vai subir), aumente a temperatura do forno para 260 ºC e deixe até dourar, por cerca de 40 minutos. Sirva bem quente.

## *Palavra da chef*

- *Na receita "Paleta de cordeiro", na p. 47, falei sobre o tempo da marinada.*

# Joelho de Porco Assado

**Difícil** | **4 pessoas** | **4h (+12h)***

## – INGREDIENTES –

- 800 g de joelho de porco serrado ao meio
- 15 g de sal
- 3 g de pimenta-do-reino preta moída
- 5 g de açúcar mascavo
- 1 cebola-roxa picada em cubos médios
- 2 talos de salsão picados em cubos médios
- 1 alho-poró picado em cubos médios
- 1 cenoura picada em rodelas
- 2 ramos de alecrim fresco
- 8 ramos de tomilho fresco
- 2 folhas de louro
- 5 grãos de zimbro
- Suco de 1 tangerina
- 1 g de canela em pó
- 1 g de cravo-da-índia
- 1 g de anis-estrelado
- 1 g de páprica doce
- 1 g de páprica defumada
- 50 mL de vinho branco seco
- 250 mL de demi-glace (ver p. 94)

\* O tempo de marinada para esta receita costuma ser de 12 horas.

## – MODO DE PREPARO –

1. Tempere o joelho de porco com sal, pimenta-do-reino e açúcar mascavo. Cubra com os legumes picados, as ervas e as especiarias. Regue com o vinho. Deixe marinando por 12 horas na geladeira em um pote ou saco para marinar fechado. Vire o joelho na metade do tempo.
2. Preaqueça o forno a 120 °C (temperatura baixa).
3. Disponha o joelho de porco em uma fôrma junto com os temperos e cubra com papel-alumínio. Leve ao forno preaquecido para assar por 5 horas. Retire do forno.
4. Reserve o joelho e coloque os vegetais e o líquido da fôrma para ferver no demi-glace. Quando ferver, abaixe o fogo e deixe apurar por cerca de 30 minutos. Coe o molho e sirva sobre o joelho.

## *Palavra da chef*

- Considere que o demi-glace, por si só, exige um tempo longo de preparo. Você encontra a receita na p. 94.

- Na receita "Paleta de cordeiro", na p. 47, falei sobre o tempo da marinada.

# Ossobuco
## ao vinho branco

Médio | 6 pessoas | 5h

## – INGREDIENTES –

- 1,8 kg de ossobuco
- 30 g de sal
- 3 g de pimenta-do-reino preta moída
- 250 g de farinha de trigo
- 120 mL de óleo de milho
- 2 cenouras picadas em cubos pequenos
- 1 cebola picada em cubos pequenos
- 1 talo de salsão picado em cubos pequenos
- 3 dentes de alho picados
- 500 mL de demi-glace (ver p. 94)
- 300 mL de vinho branco
- 250 mL de água

## – MODO DE PREPARO –

1. Preaqueça o forno a 150 °C (temperatura baixa).
2. Tempere o ossobuco com sal e pimenta-do-reino.
3. Empane o ossobuco na farinha de trigo.
4. Em uma panela de fundo grosso, frite o ossobuco no óleo de milho aos poucos, até dourar.
5. Disponha o ossobuco em uma fôrma, acrescente os legumes e os temperos, e regue-o com o demi-glace, o vinho branco e a água. Cubra a fôrma com papel-alumínio e leve ao forno preaquecido para assar por 4 horas.

### *Palavra da chef*

- *Considere que o demi-glace, por si só, exige um tempo longo de preparo. Você encontra a receita na p. 94.*

# AVES E PEIXES

Assim como acontece com as carnes vermelhas, aves e peixes se beneficiam do assamento no forno. Suas propriedades nutricionais se mantêm preservadas, e a apresentação do prato é mais atraente, por garantir a forma e a textura das carnes de aves e dos pescados, quando inteiros. As carnes de frango e pato também podem compor preparações como recheios de tortas, desfiadas depois de cozidas; já os peixes podem se transformar em um surpreendente polpetone ou um ensopado em postas. Dê asas às receitas e aproveite.

Frango de padaria
Frango da Carlota
Pargo assado oriental
Confit de pato
Rillettes de galinha-d'angola
Bacalhau à portuguesa
Polpetone de linguado
Torta de pato com olivas
Galetinho

# Frango de Padaria

Fácil | 4 pessoas | 1h30min (+12h)*

## – INGREDIENTES –

- 1 frango inteiro de cerca de 1,5 kg
- 2 cebolas cortadas em 4 pedaços
- 8 dentes de alho amassados
- Raspas e suco de 2 limões-sicilianos
- 3 ramos de alecrim fresco
- 6 ramos de tomilho fresco
- 6 ramos de orégano fresco
- 100 mL de conhaque
- 100 mL de vinho branco seco
- Sal a gosto
- Pimenta-do-reino preta moída na hora a gosto
- 3 folhas de louro fresco

## – MODO DE PREPARO –

1. Prepare uma marinada, misturando todos os ingredientes.
2. Coloque o frango na marinada e unte-o bem, por toda a superfície e por dentro, com a mistura de ingredientes. Deixe-o marinando na geladeira por

---

\* O tempo de marinada para esta receita costuma ser de 12 horas.

12 horas em um pote ou saco para marinar fechado. Vire o frango na metade do tempo.

3. Preaqueça o forno a 220 ºC (temperatura alta).

4. Retire o excesso da marinada da superfície, coloque as ervas no fundo de uma assadeira e recheie o interior do frango com os temperos. Coloque o frango sobre as ervas e leve ao forno preaquecido para assar por 30 minutos. Depois desse tempo, abaixe o fogo para 180 ºC e deixe por mais 40 minutos.

## *Palavra da chef*

- *Na receita "Paleta de cordeiro", na p. 47, falei sobre o tempo da marinada.*

# Frango da Carlota

**Fácil** | **4 pessoas** | **1h30min (+12h)***

## – INGREDIENTES –

- 1 frango inteiro de cerca de 1,5 kg
- 20 g de sal
- 5 g de pimenta-do-reino preta moída na hora
- 1 colher (chá) rasa de cominho em pó
- Raspas de 2 limões-sicilianos
- 1 colher (chá) de zátar
- 5 dentes de alho amassados
- 1 bouquet garni
- 700 mL de suco de laranja
- 5 g de açúcar
- 10 grãos de zimbro

---

\* *O tempo de marinada para esta receita costuma ser de 12 horas.*

## – MODO DE PREPARO –

1. Limpe bem o frango, mas deixe-o com a pele. Tempere-o com sal, pimenta-do-reino, cominho, as raspas do limão-siciliano, zátar e alho. Recheie-o com o bouquet garni.
2. Coloque o frango em um pote ou saco para marinar e acrescente o suco de laranja, o açúcar e o zimbro. Deixe marinar por 12 horas na geladeira, em um pote ou saco para marinar fechado, virando o frango na metade do tempo.
3. Preaqueça o forno a 220 °C (temperatura alta).
4. Disponha o frango em uma assadeira, com o peito para cima, junto com a marinada. Leve ao forno preaquecido para assar por 15 minutos, até a pele começar a ganhar um tom dourado. Diminua a temperatura do forno para 180 °C e deixe o frango por mais 50 minutos, até assar por completo e ficar com a pele bem dourada e crocante.

## *Palavra da chef*

- *Na receita "Paleta de cordeiro", na p. 47, falei sobre o tempo da marinada.*

- *Para fazer um bouquet garni, você vai precisar de: 1 pedaço da parte verde do alho-poró, ramos de tomilho fresco, talos de salsinha, ramos de alecrim, 1 folha de louro fresca. Higienize os ingredientes e deixe-os do mesmo tamanho. Comece a montagem pela folha de alho-poró e vá colocando as ervas uma em cima da outra. Envolva as ervas com a folha do alho-poró e amarre-as com um barbante culinário.*

## Pargo Assado Oriental

Fácil | 2 pessoas | 30min (+30min)*

### – INGREDIENTES –

- 1 pargo inteiro de cerca de 1,4 kg
- 40 g de gengibre ralado
- 20 g de alho cortado em julienne
- 50 mL de molho de peixe tailandês industrializado
- 20 g de pimenta dedo-de-moça sem semente cortada em julienne
- 25 mL de shoyu
- 50 mL de saquê mirin
- 5 g de tempero à base de peixe bonito
- 100 g de acelga chinesa (bok choy)

---

* *O tempo de marinada para esta receita é de 30 minutos.*

## – MODO DE PREPARO –

1. Limpe o peixe e faça cortes em suas laterais.
2. Prepare uma marinada, misturando os temperos líquidos e sólidos. Coloque o peixe, cubra com filme plástico e leve para a geladeira por 30 minutos. Vire o peixe na metade do tempo.
3. Preaqueça o forno a 180 °C (temperatura média).
4. Disponha o peixe em uma assadeira.
5. Tempere as folhas de acelga chinesa com a marinada e use-as para rechear o peixe. Regue-o com a marinada.
6. Leve ao forno preaquecido para assar por 20 minutos.

### *Palavra da chef*

- Os ingredientes desta receita podem ser encontrados em lojas especializadas em produtos asiáticos.

- O corte julienne é o famoso corte em tirinhas.

# Confit de Pato

*Médio | 4 pessoas | 4h (+12h)*

## – INGREDIENTES –

- 1,5 kg de coxa e sobrecoxa de pato
- 30 g de sal
- 6 grãos de zimbro
- 10 grãos de pimenta-do-reino preta
- 8 dentes de alho amassados
- 3 folhas de louro
- 8 ramos de tomilho fresco
- 1,5 kg de gordura de pato
- 3 maçãs verdes cortadas em 4 pedaços

## – MODO DE PREPARO –

1. Tempere as coxas e as sobrecoxas com sal, zimbro, pimenta-do-reino, alho, louro e tomilho. Deixe marinando por 12 horas na geladeira em um pote ou saco para marinar fechado. Vire as coxas e sobrecoxas na metade do tempo.

---

\* *O tempo de marinada para esta receita costuma ser de 12 horas.*

2. Disponha o pato em uma assadeira, junto com os temperos e as maçãs verdes.

3. Cubra com a gordura de pato derretida previamente. Você pode derretê-la em banho-maria ou em fogo bem baixo.

4. Preaqueça o forno a 120 ºC (temperatura baixa).

5. Cubra a fôrma com papel-alumínio e leve ao forno preaquecido para assar por cerca de 4 horas. Após esse tempo o pato estará pronto. Caso queira, você pode dourar a pele em uma frigideira quente na hora de servir.

## *Palavra da chef*

- *Na receita "Paleta de cordeiro", na p. 47, falei sobre o tempo da marinada.*

# Rillettes
## de galinha-d'angola

Médio | 4 pessoas | 3h (+6h)*

### – INGREDIENTES –

- 1,2 kg de galinha-d'angola
- 30 g de sal
- 4 dentes de alho amassados
- 15 grãos de pimenta-do-reino preta
- 1 folha de louro
- 3 ramos de tomilho
- 3 cravos-da-índia
- 15 grãos de zimbro
- 1,2 kg de banha de porco
- 2 maçãs verdes cortadas em 4 pedaços

### – MODO DE PREPARO –

1. Corte a galinha em 4 pedaços e tempere-os com o sal, o alho e as especiarias. Deixe marinando por 4 horas na geladeira em um pote ou saco para marinar fechado. Vire os pedaços de galinha na metade do tempo.
2. Preaqueça o forno a 120 °C (temperatura baixa).

---

\* *O tempo da marinada para esta receita é de 6 horas.*

3. Derreta a gordura de porco em uma panela com fogo bem baixo ou em banho-maria e despeje sobre a galinha. Adicione as maçãs intercalando-as com os pedaços da galinha.
4. Leve ao forno preaquecido para assar por 3 horas.
5. Retire do forno e deixe esfriar.
6. Desfie a galinha, separando da gordura.
7. Disponha o desfiado em um recipiente e cubra com um pouco da gordura do assado, cerca de um dedo acima da carne. Deixe resfriar na geladeira.
8. Sirva frio como antepasto.

## Bacalhau à Portuguesa

Fácil | 6 pessoas | 1h30min

### – INGREDIENTES –

- 1,2 kg de batata monalisa
- 2 cebolas médias cortadas em rodelas
- 4 postas de bacalhau dessalgado (cerca de 1 kg)
- 1 colher (chá) de páprica doce
- 8 dentes de alho amassados
- Pimenta-do-reino preta moída a gosto
- Sal a gosto
- 200 mL de azeite de oliva

## – MODO DE PREPARO –

1. Preaqueça o forno a 180 °C (temperatura média).
2. Cozinhe as batatas até ficarem cozidas porém firmes. Retire a pele e reserve. Quando esfriarem um pouco, corte-as em rodelas.
3. Em uma assadeira, disponha as cebolas e coloque as batatas e o bacalhau por cima delas.
4. Tempere com pimenta-do-reino e sal (não exagere na quantidade de sal, o bacalhau já é salgado).
5. Regue tudo com azeite, cubra a assadeira com papel-alumínio e leve ao forno preaquecido para assar por 40 minutos.
6. De vez em quando, abra o forno e regue o bacalhau e as batatas com o próprio molho. Cuidado ao retirar o papel-alumínio nessa etapa, pois a assadeira estará quente e o vapor vai subir.
7. Depois de 40 minutos, aumente a temperatura para 220 °C, retire o papel-alumínio e asse por mais 15 minutos. Regue com o próprio caldo antes de servir.

# Polpetone de Linguado

Médio | 2 pessoas | 1h

## – INGREDIENTES –

- 440 g de filé de linguado
- 25 mL de molho de peixe tailandês industrializado
- 80 g de maçã verde cortada em cubos com a casca
- 40 g de cebola picada em cubinhos
- 4 g de raiz de coentro picado
- 40 g de farinha panko
- Sal a gosto (cuidado pois o molho de peixe já é bem salgado)
- Pimenta-do-reino moída na hora a gosto
- 30 mL de azeite de oliva extravirgem

## – MODO DE PREPARO –

1. Separe 150 g do filé de linguado e pique grosseiramente. Leve para processar junto com o molho de peixe, as maçãs verdes, a cebola, a raiz de coentro e a farinha panko.
2. Pique o restante do linguado em pedaços bem pequenos. Tempere com sal e pimenta.
3. Acrescente o tempero processado ao peixe e molde os polpetones. Leve-os para resfriar.
4. Preaqueça o forno a 180 ºC (temperatura média).
5. Unte uma assadeira com azeite e disponha os polpetones nela. Regue-os com o azeite.
6. Cubra a assadeira com papel-alumínio e leve ao forno preaquecido para assar por 15 minutos. Depois desse tempo, vire os polpetones, suba a temperatura para 220 ºC e deixe por mais 10 minutos.

# Torta de Pato com Olivas

Difícil | 8 pessoas | 4h

## – INGREDIENTES –

*Massa*
- 500 g de farinha de trigo
- 200 g de manteiga sem sal
- 1 ovo inteiro
- 1 colher (café) de sal

*Recheio*
- 1 pato inteiro em pedaços (cerca de 1,6 kg; caso o pato seja pequeno, poderá precisar de 2)
- 2 talos de salsão cortados em cubos médios
- 1 alho-poró cortado em cubos médios
- 4 dentes de alho amassados
- 1 cenoura cortada em rodelas
- 1 ramo de alecrim
- 2 folhas de louro
- Sal a gosto
- 1 cebola grande picada em cubinhos
- 50 g de manteiga
- 240 g de tomate pelado picado
- 1 xícara (chá) de azeitonas verdes sem caroço cortadas em anéis
- 1 xícara (chá) de creme de leite fresco
- 1 colher (sopa) de farinha de trigo
- Sal a gosto

*Finalização*
- 4 gemas para pincelar

## – MODO DE PREPARO –

### *Massa*

1. Misture todos os ingredientes com as mãos até obter uma massa homogênea e lisa. Antes de usá-la, leve para descansar por pelo menos 30 minutos na geladeira.

### *Recheio*

1. Em uma panela grande, coloque o pato, juntamente com o salsão, o alho-poró, o alho, a cenoura, o alecrim, o louro e o sal, e cubra com água. Leve ao fogo e deixe levantar fervura. Em seguida, reduza o fogo e deixe cozinhar até o pato ficar macio (isso vai levar cerca de 3 horas). Teste com um garfo: ao tocar um pedaço do pato, a carne deve se soltar facilmente dos ossos. Reserve e deixe esfriar.
2. Depois de frio, retire a pele do pato, desosse-o e desfie em lascas. Reserve.
3. Refogue a cebola na manteiga, adicione o tomate pelado, a azeitona e o pato cozido e desfiado. Refogue bem.
4. Misture o creme de leite com a farinha de trigo e incorpore ao recheio, mexendo constantemente para engrossar. Deixe cozinhar por mais alguns minutos, acerte os temperos e reserve.

### *Montagem e finalização*

1. Preaqueça o forno a 180 ºC (temperatura média).
2. Divida a massa em três partes. Abra ⅔ da massa com o auxílio de um rolo e use-a para forrar uma fôrma de fundo falso de aproximadamente 25 cm de diâmetro. Acrescente o recheio e use o restante da massa para

cubri-lo. Finalize pincelando as gemas batidas ligeiramente com um pouquinho de água.

3. Leve ao forno preaquecido para assar por aproximadamente 40 minutos ou até dourar.

AVES E PEIXES

# GALETINHO

Fácil | 2 a 3 pessoas | 1h (+1h)*

## – INGREDIENTES –

- 1,2 kg de galeto desossado (entre 2 e 3 galetos)
- 1 cebola cortada em 4 pedaços
- 5 dentes de alho amassados
- 10 ramos de tomilho
- 1 folha de louro
- 50 mL de vinho branco seco
- Raspas de 1 laranja
- Sal a gosto
- Pimenta-do-reino preta moída na hora a gosto

## – MODO DE PREPARO –

1. Prepare uma marinada, misturando todos os ingredientes.
2. Coloque os galetinhos na marinada e deixe-os marinando por 1 hora na geladeira. Vire-os na metade do tempo.
3. Preaqueça o forno a 180 ºC (temperatura média).
4. Retire os sólidos e o excesso da marinada e reserve. Disponha os galetos em uma fôrma e leve ao forno preaquecido para assar por cerca de 1 hora. A cada 20 minutos, pincele os galetinhos com a marinada.

---

\* O tempo de marinada para esta receita é de 1 hora.

# MOLHOS & CIA.

Ricos em sabores, versáteis e opulentos, os molhos pedem passagem. Desfilam junto às fornadas de carnes, aves, peixes e, em sua abundância de possibilidades, ornam também com entradas e acompanhamentos sem perder o ritmo. O molho descortina um festival de oportunidades para fazer brilhar pratos, petiscos e até o pão mais frugal. Aposte no molho! Molhos cheios de bossa são coringas no festim da boa mesa.

*Fonduta de queijo azul*

*Molho de mostarda*

*Molho espanhol*

*Molho de tomate*

*Molho chimichurri*

*Salsa criolla*

*Molho oriental*

*Molho à meunière*

*Molho bechamel*

*Caldo de legumes*

*Demi-glace*

# Fonduta de Queijo Azul

 Fácil | 8 pessoas | 30min

## – INGREDIENTES –

- 1 ramo de alecrim
- 400 mL de água
- 100 mL de azeite de oliva extravirgem
- 1,2 kg de cream cheese
- 400 mL de creme de leite fresco
- 400 mL de leite
- 600 g de queijo gorgonzola
- 10 mL de vinagre de arroz
- 200 mL de vinho branco seco
- 8 g de sal
- 1 g de pimenta-do-reino preta moída na hora

## – MODO DE PREPARO –

1. Pique o alecrim e reserve.
2. Em uma panela, junte todos os ingredientes, menos o vinho e o alecrim.
3. Assim que o molho abrir fervura, acrescente o vinho e o alecrim. Misture bem, deixe aquecer novamente sem ferver, e desligue o fogo. Acerte o sal e a pimenta-do-reino.

# Molho de Mostarda

Fácil | 6 pessoas | 30min

## – INGREDIENTES –

- ½ cebola picada em cubos pequenos
- 25 g de manteiga sem sal
- 100 g de mostarda de Dijon
- 100 g de mostarda à l'ancienne
- 50 mL de conhaque
- 300 mL de demi-glace (ver p. 94)
- 200 mL de creme de leite
- 25 mL de mel
- Sal a gosto
- Pimenta-do-reino preta moída na hora a gosto

## – MODO DE PREPARO –

1. Em uma panela quente, adicione a cebola e a manteiga. Refogue até a cebola murchar.
2. Acrescente as mostardas e deixe o molho secar bem.
3. Adicione o conhaque e flambe.*
4. Adicione o demi-glace. Assim que abrir fervura, abaixe o fogo.
5. Junte o creme de leite e deixe o molho reduzir.
6. Finalize com mel, sal e pimenta-do-reino.

\* *Para dicas de como flambar com segurança, ver p. 85.*

## Molho Espanhol

*Fácil* | 6 pessoas | 30min

### — INGREDIENTES —

- 250 g de cogumelo-de--paris limpo* e cortado em lâminas
- 50 g de manteiga sem sal
- 3 ramos de tomilho fresco
- 200 g de cebola branca picada em cubinhos
- 50 mL de conhaque
- 50 mL de vermute
- 1 L de demi-glace (ver p. 94)
- 10 g de extrato de tomate
- 2 g de sal
- 1 g de pimenta-do-reino preta moída na hora

\* Sobre a limpeza dos cogumelos, ver p. 31.

## – MODO DE PREPARO –

1. Em uma frigideira bem quente, adicione o cogumelo-de-paris, a manteiga e o tomilho. Refogue até dourar.
2. Adicione a cebola e deixe caramelizar.
3. Flambe com conhaque e vermute, deixe evaporar.
4. Adicione o demi-glace e o extrato de tomate e deixe reduzir 20%.
5. Acerte o tempero com sal e pimenta-do-reino. Coe e pronto!

### *Palavra da chef*

- *Para flambar com segurança, retire a frigideira do fogo antes de colocar a bebida. Incline a frigideira (para longe de você) e despeje a bebida. Leve a frigideira de volta para a chama do fogão ainda inclinada. Rapidamente o álcool da bebida começa a flambar os alimentos e evapora.*

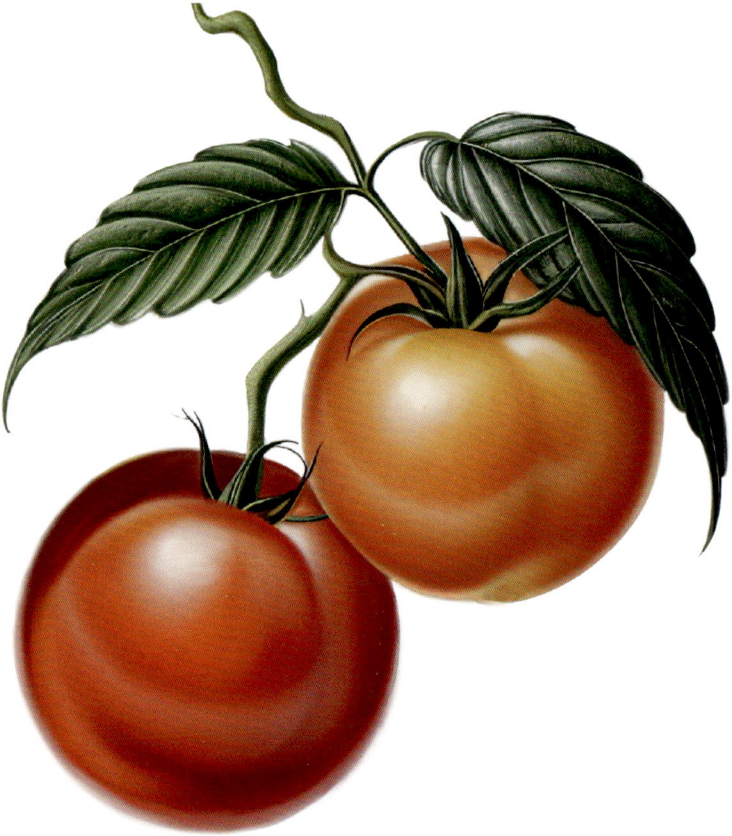

# Molho de Tomate

Fácil | 8 pessoas | 30min

## – INGREDIENTES –

- 500 g (cerca de 4 unidades) de tomate italiano maduro
- 100 mL de azeite de oliva extravirgem
- 250 g de cebola picada em cubinhos
- 5 dentes de alho picados
- 4 latas de tomate pelado
- 40 g de açúcar
- 25 g de manjericão fresco
- Sal a gosto

## – MODO DE PREPARO –

1. Queime os tomates maduros na boca do fogão, coloque-os em um saco plástico apropriado, feche-o e reserve.
2. Aqueça metade do azeite, adicione a cebola picada e refogue bem, até murchar. Junte o alho e refogue por mais alguns minutos.
3. Adicione os tomates pelados enlatados. Deixe-os cozinhando até abrir fervura e, em seguida, abaixe o fogo. Mexa sempre que necessário.
4. Limpe os tomates maduros retirando qualquer vestígio da casca queimada. Corte-os grosseiramente e adicione-os ao molho junto com o açúcar. Deixe cozinhar até apurar. Finalize com manjericão, sal e o resto do azeite.

# Molho Chimichurri

Fácil | 8 pessoas | 30min

## – INGREDIENTES –

- 300 g de cebolinha picada
- 150 g de salsinha picada
- 10 dentes de alho picados
- 5 pimentas dedo-de-moça picadas
- 500 mL de azeite de oliva
- 50 mL de suco de limão
- 50 mL de vinagre de vinho tinto
- 10 ramos de orégano fresco
- 5 g de pimenta calabresa seca
- 5 g de sal
- 3 g de pimenta-do-reino preta
- 5 g de páprica doce
- 5 g de páprica defumada

## – MODO DE PREPARO –

1. Misture todos os ingredientes. Deixe curtir de um dia para o outro.

# Salsa Criolla

*Fácil | 4 pessoas | 30min*

## – INGREDIENTES –

- 40 g de pimentão vermelho picado em cubinhos
- 40 g de pimentão verde picado em cubinhos
- 40 g de pimentão amarelo picado em cubinhos
- 40 g de cebola picada em cubinhos
- 2 g de salsa picada
- 2 g de tomilho fresco picado
- 80 mL de azeite de oliva
- 20 mL de vinagre de vinho tinto
- Sal a gosto
- Pimenta-do-reino preta moída na hora a gosto

## – MODO DE PREPARO –

1. Misture todos os ingredientes, temperando com sal e pimenta-do-reino.

# Molho Oriental

Fácil | 4 pessoas | 30min

## – INGREDIENTES –

- 100 g de gengibre cortado em lâminas
- 30 g de pimenta dedo-de-moça cortada ao meio
- 500 mL de shoyu
- 500 mL de saquê mirin
- 30 g de alho cortado em lâminas
- 40 mL de óleo de gergelim torrado
- 40 g de amido de milho
- 3 colheres (sopa) de água
- 30 mL de mel

## – MODO DE PREPARO –

1. Leve todos os ingredientes para ferver, exceto o mel, o amido de milho e a água. Quando abrir fervura, abaixe o fogo e espere reduzir 25% do volume.
2. Coe a mistura e devolva-a para a panela.
3. Dissolva o amido de milho na água. Acrescente o amido dissolvido aos poucos, mexendo sempre para não empelotar. Mexa até engrossar.
4. Finalize acrescentando o mel.

# Molho à Meunière

**Fácil** | **2 pessoas** | **30min**

## – INGREDIENTES –

- 25 g de cebola branca picada
- 100 g de manteiga sem sal
- 50 g de alcaparra
- 75 mL de vinho branco
- Raspas e suco de 1 limão-taiti
- 3 g de salsinha picada
- Sal a gosto
- Pimenta-do-reino preta moída na hora a gosto

## – MODO DE PREPARO –

1. Em uma panela, refogue a cebola na manteiga até ela ficar transparente. Adicione as alcaparras, o vinho branco e o suco de limão.
2. Deixe evaporar.
3. Fora do fogo, acrescente a salsinha e as raspas de limão.
4. Acerte o sal e a pimenta-do-reino.

# Molho Bechamel

 Fácil | 2 pessoas |  30min

## – INGREDIENTES –

- 500 mL de leite integral
- Noz-moscada ralada a gosto
- 1 folha de louro
- 1 cravo-da-índia
- Sal a gosto
- 50 g de manteiga sem sal
- 50 g de farinha de trigo

## – MODO DE PREPARO –

1. Leve o leite para ferver com os temperos.
2. Em outra panela, misture a manteiga e a farinha e deixe dourar, mexendo sempre com o auxílio de uma espátula pão-duro.
3. Quando a mistura estiver dourada e com cheiro de manteiga tostada, junte o leite peneirado aos poucos e cozinhe até espessar.
4. Acerte o sal e pronto!

## Caldo de Legumes

Fácil | 6 porções | 30min

### – INGREDIENTES –

- 1 cebola cortada em cubos médios
- 2 cenouras cortadas em cubos médios
- 2 talos de salsão cortados em cubos médios
- 1 folha de louro
- 2 L de água

### – MODO DE PREPARO –

1. Cozinhe os legumes em uma panela com o louro e a água.
2. Ao levantar fervura, abaixe bem o fogo e deixe apurar por cerca de 20 minutos.

# DEMI-GLACE

Fácil | 20 porções | 24h

## – INGREDIENTES –

- 1,5 kg de ossos de boi
- 3 cenouras médias
- 2 cebolas médias
- 1 talo de aipo
- 1 colher (sopa) de extrato de tomate
- 5 L de água

## – MODO DE PREPARO –

1. Preaqueça o forno a 240 ºC (temperatura alta).
2. Leve os ossos ao forno preaquecido para assar por cerca de 40 minutos. Retire-os assim que estiverem dourados.
3. Corte os legumes em cubos com cerca de 1,5 cm de largura. Besunte-os com o extrato de tomate e leve para assar em forno preaquecido a 180 ºC até que as cebolas comecem a ficar tostadinhas.
4. Coloque tudo em uma panela bem grande e cubra com água fria. Comece com fogo alto, abaixe quando levantar fervura. Retire a espuma que se forma por cima com uma escumadeira.

5. Deixe cozinhando em fogo baixo por no mínimo 6 horas. Na receita tradicional de demi-glace, o cozimento leva de 18 a 24 horas, por isso quanto mais tempo você puder deixar no fogo, melhor.

6. Retire o excesso de gordura que se forma por cima do caldo e descarte. Durante o cozimento, adicione água caso ele reduza demais.

7. Depois do tempo de cozimento, retire todos os sólidos com a ajuda de uma escumadeira e leve o caldo em fogo alto para reduzir ⅔. Coe o caldo reduzido e deixe esfriar. Leve para a geladeira até que fique com a consistência de uma gelatina. Quando aquecido, o demi-glace volta a ficar líquido.

## *Palavra da chef*

- *Originalmente, são usados ossos de vitela. Escolha ossos com bastante cartilagem e tutano, como canela e articulações.*

# ACOMPANHAMENTOS

Acompanhar um prato é um desafio estimulante. Tem que rolar um match e o par fazer bonito. Em muitos casos, o acompanhamento é em si tão completo que pode aparecer muito bem sozinho. Ótimo, vamos explorar também essa qualidade do acompanhamento, seja servido só ou junto ao prato principal, sem ofuscar a personalidade de cada um. As receitas a seguir são todas do forno, de onde vieram os pratos principais – pronto, já estão combinando!

Batatas orange com purê de alho
Torta de cebola com roquefort
Torta trigratinada
Cogumelos portobello gratinados
Tortilha de batata
Arroz de forno
Batata gratinada
Ratatouille
Crispy de risoto
Couve-flor à provençal
Farofa de ervas
Nhocão
Fusilli mac & cheese

# Batatas Orange
## com purê de alho

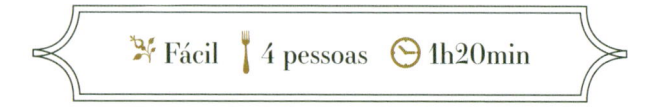

Fácil | 4 pessoas | 1h20min

### – INGREDIENTES –

- 5 cabeças de alho
- Sal a gosto
- Pimenta-do-reino moída na hora a gosto
- 80 mL de azeite de oliva
- 10 ramos de tomilho fresco
- 600 g de batata orange (batata-doce laranja)

### – MODO DE PREPARO –

1. Preaqueça o forno a 210 °C (temperatura alta).
2. Corte a cabeça dos alhos na superfície, tempere-as com sal, pimenta-do-reino, azeite e tomilho (use aqui 4 dos 10 ramos).
3. Feche os alhos em papel-alumínio e asse por 30 a 35 minutos. Retire-os do forno e deixe esfriar. Esprema a polpa dos alhos e faça uma pasta com 30 mL do azeite. Reserve.
4. Corte as batatas-doces ao meio e faça riscos em sua superfície no formato de losangos.

ACOMPANHAMENTOS

5. Coloque as batatas em uma fôrma, pincele a pasta de alho sobre elas e regue-as com azeite. Cubra a fôrma com papel-alumínio.

6. Para assar as batatas, o forno deve estar preaquecido a 180 °C. Deixe-as assar por 30 a 35 minutos.

7. Sirva regando com azeite de oliva e com o restante do tomilho fresco.

## *Palavra da chef*

- *A batata orange, também conhecida como batata laranja ou camote, é bem doce e macia. Se você não a encontrar em sua cidade, pode usar a comum. Ajuste o tempo de forno para 1 hora.*

TÁ NO FORNO! RECEITAS DA CHEF CARLA PERNAMBUCO

# Torta de Cebola
## com roquefort

Fácil | 6 pessoas | 2h

– INGREDIENTES –

### Massa
- 500 g de farinha de trigo
- 200 g de manteiga sem sal
- 1 ovo inteiro
- 4 gemas
- 1 colher (café) de sal

### Recheio
- 150 g de cebola cortada em rodelas finas
- Sal a gosto
- 30 mL de azeite de oliva extravirgem
- 2 ramos de tomilho fresco
- Pimenta-do-reino moída na hora a gosto
- 200 mL de molho bechamel (ver p. 92)
- 150 g de queijo roquefort picado
- 30 g de queijo muçarela ralado
- 30 g de queijo parmesão ralado

ACOMPANHAMENTOS

## – MODO DE PREPARO –

### *Massa*

1. Misture com as mãos todos os ingredientes até formar uma massa homogênea e lisa. Antes de usá-la, deixe a massa descansar por pelo menos 30 minutos na geladeira. Abra a massa com o auxílio de um rolo em uma superfície enfarinhada e forre uma fôrma de fundo removível de aproximadamente 25 cm de diâmetro.

### *Recheio*

1. Preaqueça o forno a 200 °C (temperatura média).
2. Coloque as rodelas de cebola em uma fôrma e tempere-as com sal, azeite, tomilho e pimenta-do-reino. Leve ao forno preaquecido para assar por 10 minutos.
3. Deixe esfriar antes de usá-las.

### *Montagem*

1. Preaqueça o forno a 180 °C (temperatura média).
2. Preencha o fundo da massa com o molho bechamel frio, os pedaços do queijo roquefort, a muçarela ralada, as cebolas assadas frias e o queijo parmesão ralado. Leve ao forno preaquecido para assar por 35 a 40 minutos.

## *Palavra da chef*

- *Se você não encontrar o queijo roquefort, pode substituí-lo pelo gorgonzola. A torta também ficará saborosa!*

# Torta Trigratinada

Médio | 6 pessoas | 1h30min

## – INGREDIENTES –

- 500 g de batata asterix descascada e fatiada em chips
- 250 g de cenoura descascada e fatiada em chips
- 250 g de batata-doce descascada e fatiada em chips
- 500 mL de leite
- 250 mL de creme de leite fresco
- 10 g de sal
- 1 g de pimenta-do-reino preta moída
- 1 g de noz-moscada
- 2 alhos-porós picados em cubos pequenos
- 50 mL de azeite de oliva
- 100 mL de fonduta de queijo (ver p. 82)
- 80 g de queijo parmesão ralado

## – MODO DE PREPARO –

1. Preaqueça o forno a 180 °C (temperatura média).
2. Em uma panela, coloque os chips, o leite, o creme de leite, o sal, a pimenta-do-reino e a noz-moscada.
3. Leve ao fogo e cozinhe até que fiquem al dente. Escorra os chips e reserve.
4. Refogue o alho-poró no azeite.
5. Monte a torta em uma assadeira retangular, intercalando uma camada de raízes com outra de fonduta. Salpique o alho-poró sobre a torta e cubra com parmesão.
6. Leve ao forno preaquecido para assar por 35 a 40 minutos ou até dourar.

# Cogumelos Portobello
## GRATINADOS

Fácil | 2 pessoas | 30min

– INGREDIENTES –

- 80 g de cogumelo portobello limpo*
- 30 g de amêndoas sem pele
- 25 g de queijo gorgonzola picado ou ralado
- 30 g de queijo parmesão ralado
- 30 g de manteiga sem sal
- 3 ramos de orégano fresco
- 2 ramos de tomilho fresco
- 30 g de farinha panko
- 15 mL de azeite de oliva
- 2 g de sal
- 1 g de pimenta-do-reino moída na hora

\* *Sobre a limpeza dos cogumelos, ver p. 31.*

## – MODO DE PREPARO –

1. Preaqueça o forno a 220 °C (temperatura alta).
2. Retire o caule dos cogumelos e reserve.
3. Pique o caule dos cogumelos e as amêndoas. Misture-os ao restante dos ingredientes, formando uma massa homogênea.
4. Recheie os cogumelos com a massa.
5. Leve ao forno preaquecido para assar por 8 minutos.

### *Palavra da chef*

- *Escolha cogumelos grandes, uma vez que eles serão recheados.*

## Tortilha de Batata

Fácil | 6 pessoas | 2h

### – INGREDIENTES –

- 600 g de batata asterix fatiada bem fininha
- 4 dentes de alho fresco macerados
- 5 g de sal
- 1 g de pimenta-do-reino moída na hora
- 200 g de cebola branca picada em julienne
- 400 mL de azeite de oliva
- 1 folha de louro
- 2 ramos de tomilho fresco
- 450 g de ovo pasteurizado (ou 8 ovos)

## – MODO DE PREPARO –

1. Preaqueça o forno a 120 °C (temperatura baixa).
2. Misture as batatas com o alho macerado, o sal, a pimenta-do-reino, a cebola, parte do azeite, o louro e o tomilho. Disponha a mistura em uma fôrma e cubra com o restante do azeite. Leve ao forno preaquecido em baixa temperatura para assar por cerca de 1 hora e 20 minutos.
3. Quando as batatas estiverem macias, retire o excesso do azeite. Tempere os ovos com sal e pimenta-do-reino a gosto. Junte-os às batatas, leve para assar, agora no forno preaquecido a 180 °C, por 25 a 30 minutos.

### *Palavra da chef*

- O azeite excedente pode ser reservado e utilizado para fazer refogados posteriormente.

- Julienne é uma técnica francesa para cortar legumes e frutas em tiras finas.

# Arroz de Forno

Fácil | 6 pessoas | 30min

## – INGREDIENTES –

- 1 kg de arroz branco cozido
- 150 g de presunto picado
- 300 g de queijo meia cura picado
- 170 g de milho cozido (enlatado ou somente os grãos da espiga cozida)
- 1 cenoura descascada ralada
- 10 ramos de salsinha picada
- 5 ramos de cebolinha picada
- Sal a gosto
- Pimenta-do-reino preta moída na hora a gosto
- 160 g de ovo pasteurizado (ou 3 ovos)
- 120 mL de leite
- 160 mL de creme de leite fresco
- 30 g de queijo parmesão ralado
- 150 g de requeijão cremoso
- 150 g de muçarela ralada (para finalizar)

## – MODO DE PREPARO –

1. Preaqueça o forno a 180 °C (temperatura média).
2. Misture ao arroz o presunto, o queijo meia cura, o milho, a cenoura, a salsinha e a cebolinha. Tempere com o sal e a pimenta-do-reino e reserve.
3. Bata levemente os ovos. Misture com o leite, o creme de leite, o parmesão ralado e o requeijão cremoso.
4. Em uma fôrma, disponha o arroz temperado, cubra com a mistura, e finalize com a muçarela ralada.
5. Leve ao forno preaquecido e asse por 15 a 20 minutos.

## BATATA GRATINADA

Fácil | 6 pessoas | 1h20min

### – INGREDIENTES –

- 1 kg de batata asterix fatiada em rodelas finas
- 150 g de alho-poró cortado em julienne
- 150 g de cebola cortada em julienne
- Noz-moscada ralada a gosto
- 1 folha de louro fresca
- 5 g de sal
- 3 g de pimenta-do-reino preta moída na hora
- 200 mL de creme de leite
- 100 mL de caldo de legumes (ver p. 93)
- 100 mL de vinho branco seco
- 200 g de queijo parmesão ralado

## – MODO DE PREPARO –

1. Preaqueça o forno a 140 °C (temperatura baixa).
2. Misture as batatas com o alho-poró, a cebola, a noz-moscada, o louro, o sal e a pimenta-do-reino.
3. Em uma fôrma, distribua as batatas em camadas.
4. Misture o creme de leite, o caldo de legumes e o vinho. Use essa mistura para regar as batatas. Finalize com o queijo parmesão.
5. Cubra a fôrma com papel-alumínio e leve ao forno preaquecido para assar por 1 hora. Depois desse tempo, retire o papel-alumínio (com cuidado, pois a fôrma estará quente e vapor vai subir). Aumente a temperatura do forno para 220 °C e deixe gratinar.

### *Palavra da chef*

- O corte julienne é o famoso corte em tirinhas.

# Ratatouille

> 🌱 Médio  🍴 6 pessoas  🕐 10min (+12h)*

## – INGREDIENTES –

- ✳ 200 g de tomate débora cortado em rodelas
- ✳ 200 g de berinjela cortada em rodelas
- ✳ 200 g de cebola branca cortada em rodelas
- ✳ 200 g de abobrinha italiana cortada em rodelas
- ✳ 400 mL de azeite de oliva
- ✳ 15 g de sal
- ✳ 3 g de pimenta-do-reino preta moída na hora
- ✳ 10 ramos de tomilho fresco
- ✳ 5 dentes de alho amassados

---

\* *O tempo de marinada para esta receita costuma ser de 12 horas.*

## – MODO DE PREPARO –

1. Tempere os legumes separadamente. Deixe-os marinando por 12 horas na geladeira, separados.
2. Preaqueça o forno a 250 °C (temperatura muito alta).
3. Em uma fôrma, disponha as fatias dos legumes, intercalando-as em pequenas circunferências e começando do centro em direção às laterais. Não utilize o líquido residual dos vegetais. Regue com o azeite.
4. Leve ao forno preaquecido para assar por 5 a 8 minutos.

### *Palavra da chef*

- *Atente-se: o preparo da ratatouille é rápido, mas os legumes precisam marinar por bastante tempo.*

# Crispy de Risoto

Fácil | 4 pessoas | 1h

## – INGREDIENTES –

- 100 g de cebola picada em cubinhos
- 45 g de manteiga sem sal (reserve 5 g para untar)
- 400 g de arroz arbóreo
- 40 mL de vinho branco seco
- 600 mL de caldo de legumes previamente aquecido (ver p. 95)
- 500 g de queijo parmesão ralado
- 8 g de sal
- 5 g de pimenta-do-reino moída na hora

## – MODO DE PREPARO –

1. Preaqueça o forno a 260 °C (temperatura muito alta).
2. Refogue a cebola na manteiga até que ela fique translúcida. Adicione o arroz e mexa por alguns instantes. Em seguida, acrescente o vinho branco e deixe evaporar.
3. Adicione o caldo de legumes. Aguarde abrir fervura, abaixe o fogo e mexa de vez em quando. Finalize com o queijo parmesão, o sal e a pimenta-do-reino.

4. Em uma fôrma forrada com papel-manteiga, espalhe uma camada bem fina da mistura e resfrie na geladeira por cerca de 40 minutos.
5. Modele pequenos círculos achatadinhos e disponha-os em uma fôrma untada com manteiga.
6. Leve ao forno preaquecido para assar por 5 a 10 minutos.

# Couve-Flor à Provençal

**Fácil | 6 pessoas | 30min (+1h)***

## – INGREDIENTES –

- 1,5 kg de couve-flor
- 5 dentes de alho picados
- 200 mL de azeite de oliva
- 100 mL de vinho branco seco
- 10 ramos de tomilho fresco
- 5 ramos de orégano fresco
- Raspas e suco de 1 limão-siciliano
- 1 g de erva-doce
- Sal a gosto
- Pimenta-do-reino preta moída a gosto

## – MODO DE PREPARO –

1. Higienize a couve-flor e corte-a em buquês. Deixe-a marinando com os temperos por 1 hora.
2. Preaqueça o forno a 240 °C (temperatura alta).
3. Espalhe a couve-flor em uma fôrma untada com azeite e leve ao forno preaquecido para assar por 6 a 10 minutos.

---

\* *O tempo de marinada para esta receita é de 1 hora.*

ACOMPANHAMENTOS

## Palavra da chef

- O preparo desta receita é rápido, mas não se esqueça de contar o tempo de marinada da couve-flor.

## Farofa de Ervas

*Fácil | 6 pessoas | 30min*

### – INGREDIENTES –

- 5 ramos de manjericão fresco
- 20 ramos de salsinha
- 6 ramos de tomilho fresco
- 1 folha de louro fresco
- 4 folhas de rúcula
- 10 folhas de espinafre
- 100 mL de azeite de oliva
- 4 g de sal
- 2 g de pimenta-do-reino preta moída na hora
- 300 g de farinha panko

### – MODO DE PREPARO –

1. Preaqueça o forno a 160 °C (temperatura baixa).
2. Processe as ervas e os temperos no processador até que fiquem bem fininhos. Depois, misture com a farinha panko.
3. Forre uma fôrma com papel-manteiga e espalhe nela a mistura. Leve ao forno preaquecido para assar por cerca de 20 minutos, mexendo pelo menos 2 vezes nesse tempo.

# Nhocão

**Médio** | **6 pessoas** | **1h20min**

## – INGREDIENTES –

- 1 kg de batata asterix
- 5 g de sal
- 200 g de queijo parmesão
- 50 g de mistura para chimichurri desidratada
- Noz-moscada moída a gosto
- 250 g de farinha de trigo
- 10 g de manteiga para pincelar
- 5 mL de azeite de oliva para untar

## – MODO DE PREPARO –

1. Preaqueça o forno a 180 °C (temperatura média).
2. Asse as batatas inteiras por 30 a 35 minutos no forno preaquecido.
3. Descasque-as e passe-as ainda quentes por uma peneira fina.
4. Adicione o sal, o parmesão, o chimichurri, a noz-moscada e a farinha de trigo e misture até obter uma massa homogênea. Modele os nhoques.
5. Cozinhe-os no vapor por 8 minutos, com a vaporeira untada com azeite.
6. Em uma assadeira, disponha os nhoques pré-cozidos e pincele-os com manteiga e azeite. Leve para assar em forno preaquecido a 200 °C por 8 minutos e vire os nhoques na metade do tempo. Sirva com o molho que preferir.

TÁ NO FORNO! RECEITAS DA CHEF CARLA PERNAMBUCO

# Fusilli Mac & Cheese

Médio | 4 pessoas | 1h30min

## – INGREDIENTES –

*Molho de queijo*

- ¼ de cebola picada em cubinhos
- 40 g de manteiga sem sal
- 25 mL de vinho branco seco
- 250 mL de caldo de legumes (ver p. 93)
- 500 mL de creme de leite fresco
- 200 g de queijo parmesão ralado
- Sal a gosto
- Pimenta-do-reino preta moída a gosto
- Noz-moscada a gosto

*Montagem da massa*

- Manteiga para untar
- 720 g de fusilli de sêmola cozido
- 300 g de queijo tipo danbo ralado ou algum outro queijo de massa mole

## – MODO DE PREPARO –

### *Molho de queijo*

1. Em uma panela, refogue a cebola com a manteiga até a cebola ficar translúcida, adicione o vinho branco e deixe reduzir até a metade. Junte o caldo de legumes e, assim que abrir fervura, abaixe o fogo e deixe reduzir até a metade novamente.
2. Adicione o creme de leite e deixe abrir fervura. Depois, acrescente o parmesão e deixe cozinhar por 5 a 10 minutos em fogo baixo.
3. Corrija o sal, adicione a pimenta-do-reino e a noz-moscada.

### *Montagem da massa*

1. Preaqueça o forno a 250 °C (temperatura muito alta).
2. Unte uma fôrma com manteiga e disponha o macarrão, cubra com o molho e finalize com o queijo. Leve ao forno preaquecido para gratinar por cerca de 8 minutos.

# SOBREMESAS

Existem lendas de receitas que entraram no forno de um jeito e saíram de outro – acabaram passando para a história tornando-se clássicas sobremesas. O brownie é uma delas. Já a cocada brasileira figura não só em nossas tradições culinárias como também em nossas artes – nascida no tacho, espalhou-se pela música e pela literatura: o choro "Doce de coco" e a cocada de Capitu, em *Dom Casmurro*, são célebres exemplos. O forno e os doces construíram uma relação sólida e saborosa que continua em evolução. A cada dia, novas propostas de sobremesas crescem dentro do forno e das ideias de cozinheiros, doceiras e formigões, enquanto os clássicos podem ser revistos e revisitados.

Petit gâteau de limão-siciliano
Bolo de chocolate com caramelo e pistache
Quindim de maracujá
Torta cremosa de chocolate
Pudim de doce de leite
Bom-bocado de aipim
Cheesecake tradicional
Cobbler de maçãs e amoras
Cuca de banana
Brownie
Blondie de mirtilos
Crumble de banana
Cocada de forno

## Petit Gâteau
### de limão-siciliano

Fácil | 8 pessoas | 1h

### – INGREDIENTES –

- 200 g de chocolate branco
- 160 g de manteiga sem sal
- 5 ovos inteiros
- 4 gemas
- 120 g de açúcar
- 110 g de farinha de trigo
- Suco de 1 ½ limão-siciliano
- Raspas de 2 limões-sicilianos
- Manteiga e farinha de trigo para untar as forminhas

### – MODO DE PREPARO –

1. Preaqueça o forno a 200 °C (temperatura média).
2. Derreta o chocolate branco em banho-maria com a manteiga.
3. Coloque em um recipiente os ovos, as gemas e o açúcar e bata com um batedor.
4. Polvilhe com cuidado a farinha e mexa até incorporar.
5. Adicione o chocolate derretido com a manteiga e bata bem.
6. Por último, adicione o suco de limão e as raspas.

7. Distribua a massa em forminhas de 7 cm untadas com manteiga e enfarinhadas e leve ao forno preaquecido para assar por 7 a 8 minutos. Sirva quente!

## Palavra da chef

- Sirva o petit gâteau quente com sorvete. Gosto de servir com sorvete de menta ou de chocolate amargo, ou com sorbet de morango. Fica maravilhoso!

# Bolo de Chocolate
## com caramelo e pistache

Fácil | 6 pessoas | 1h

## – INGREDIENTES –

*Massa*
- 5 ovos
- 150 mL de óleo
- 1 pote de iogurte natural
- 2 colheres (chá) de extrato de baunilha
- 100 g de cacau em pó
- 400 g de açúcar
- 200 g de farinha de trigo
- 1 pitada de sal
- 2 colheres (chá) de bicarbonato de sódio
- 1 colher (chá) de fermento em pó
- 220 mL de água quente
- Manteiga e cacau em pó para untar

*Caramelo*
- 2 xícaras (chá) de açúcar
- 250 mL de creme de leite fresco e morno
- 1 pitada de flor de sal

*Finalização*
- Pistache sem sal e sem pele torrado

## – MODO DE PREPARO –

### *Massa*

1. Preaqueça o forno a 180 °C (temperatura média).
2. Em um recipiente, adicione os ovos, o óleo, o iogurte e o extrato de baunilha e misture bem.
3. Acrescente os ingredientes secos, peneirando-os antes de incorporá-los à massa, e adicione a água quente. Misture tudo com um batedor.
4. Despeje a massa em uma fôrma untada com manteiga e cacau em pó. Leve ao forno preaquecido para assar por 30 minutos. Faça um teste com um palito: espete a massa e o palito deverá sair limpo. Caso não saia, deixe por mais 5 a 10 minutos.

### *Caramelo*

1. Em uma panela alta, derreta o açúcar em fogo médio. Com o auxílio de uma colher de bambu ou própria para ser utilizada em altas temperaturas, mexa até o açúcar virar um caramelo âmbar, então adicione o creme de leite fresco morno e continue mexendo. O caramelo fica duro em contato com o creme, parece que não vai dar certo, mas continue mexendo até homogeneizar.

### *Finalização*

1. Despeje o caramelo sobre o bolo e decore-o com pistache.

## Quindim de Maracujá

Difícil | 10 pessoas | 1h30min

### – INGREDIENTES –

- 2 maracujás
- ¾ de xícara (chá) de leite
- 2 xícaras (chá) de coco ralado seco e sem açúcar
- 20 gemas peneiradas
- 3 ½ xícaras (chá) de açúcar refinado
- 6 colheres (sopa) de manteiga sem sal derretida
- Glucose de milho para untar

### – MODO DE PREPARO –

1. Preaqueça o forno a 150 °C (temperatura baixa).
2. Retire a polpa dos maracujás e bata-os com o leite no liquidificador.
3. Coe a mistura e reserve.
4. Em uma tigela, adicione o coco ralado e despeje a mistura de leite com maracujá. Misture bem e aguarde 5 minutos para que o coco seja hidratado adequadamente. Em seguida, adicione as gemas peneiradas, o açúcar e a manteiga derretida. Misture tudo muito bem e com cuidado para não incorporar ar.

5. Unte as forminhas (6 × 4 cm) com glucose e distribua nelas a massa. Leve ao forno preaquecido para assar em banho-maria por 45 minutos. A superfície vai ficar levemente dourada.

## Palavra da chef

- Desenforme os quindins antes que esfriem totalmente e, em seguida, leve-os para gelar antes de servir.

# Torta Cremosa
## de chocolate

🌿 Médio | 🍴 6 pessoas | 🕐 1h30min (+2h)*

## – INGREDIENTES –

*Massa*
- 115 g de manteiga sem sal
- 85 g de açúcar de confeiteiro
- 200 g de farinha de trigo
- 35 g de cacau em pó 100%
- 3 g de sal
- 1 gema
- Água, se necessário

*Recheio*
- 300 g de chocolate ao leite
- 300 g de chocolate meio amargo
- 360 mL de creme de leite de caixinha
- 2 g de sal
- 150 mL de leite
- 3 gemas

---

\* É preciso resfriar a torta para desenformá-la. Este é mais ou menos o tempo de resfriamento: 2 horas.

## – MODO DE PREPARO –

*Massa*

1. Preaqueça o forno a 160 °C (temperatura baixa).
2. Misture todos os ingredientes.
3. Abra a massa com auxílio de um rolo e forre uma fôrma de fundo removível de 20 cm de diâmetro. Cubra-a com papel-alumínio e disponha bolinhas de cerâmica sobre o papel para fazer peso (caso não tenha as bolinhas de cerâmica, você pode usar feijões crus). Leve para assar por 15 minutos.

*Recheio*

1. Derreta os chocolates em banho-maria e acrescente o creme de leite, o sal e o leite.
2. Desligue o fogo e adicione as gemas, mexendo bem.

*Montagem*

1. Preaqueça o forno a 120 °C (temperatura baixa).
2. Adicione o recheio à massa já assada e fria e leve novamente ao forno preaquecido para assar por mais 30 a 40 minutos.
3. Após assar, espere esfriar e leve à geladeira por cerca de 1 hora. Só depois desenforme.

# Pudim de Doce de Leite

**Fácil | 6 pessoas | 2h30min**

## – INGREDIENTES –

- 155 g de açúcar
- 65 mL de água
- 600 g de doce de leite
- 10 gemas
- 200 mL de leite integral

## – MODO DE PREPARO –

1. Preaqueça o forno a 120 °C (temperatura baixa).
2. Em uma panela, derreta o açúcar em fogo médio, acrescente a água e mexa até obter uma calda. Coloque a calda em uma fôrma de pudim de 15 cm de diâmetro.
3. Em um recipiente, junte o doce de leite e a gema, mexendo até ficar homogêneo. Adicione o leite e misture, mexendo sempre.
4. Distribua o creme na fôrma com a calda.
5. Leve para assar em banho-maria por 2 horas no forno preaquecido.
6. Depois de pronto, deixe na geladeira por pelo menos 4 horas antes de servir – se possível, deixe de um dia para o outro.

SOBREMESAS

# Bom-bocado de Aipim

Fácil | 8 pessoas | 1h

## – INGREDIENTES –

- 12 ovos
- 160 g de açúcar
- 520 g de aipim ralado
- 100 g de coco ralado seco
- Canela em pó a gosto
- Cravo-da-índia em pó a gosto
- Erva-doce a gosto
- 1 pitada de sal
- 120 g de manteiga extra sem sal, fora da geladeira por pelo menos 1 hora
- Manteiga para untar as forminhas

## – MODO DE PREPARO –

1. Preaqueça o forno a 160 ºC (temperatura baixa).
2. Bata os ovos com o açúcar até formar um creme. Adicione a massa de aipim, o coco ralado, as especiarias, a pitada de sal e, em seguida, a manteiga (ela deverá estar com uma textura de pomada).
3. Distribua a massa em pequenas forminhas de empada untadas com manteiga e leve ao forno preaquecido para assar por 35 a 40 minutos.

TÁ NO FORNO! RECEITAS DA CHEF CARLA PERNAMBUCO

# Cheesecake Tradicional

Médio | 8 pessoas | 2h (+2h)*

## – INGREDIENTES –

*Massa*
- 100 g de biscoito tipo maisena
- 50 g de manteiga sem sal derretida

*Recheio*
- 600 g de cream cheese
- 100 g de açúcar refinado
- 6 gemas
- 10 mL de essência de baunilha
- 400 mL de creme de leite fresco e morno

---

\* *O tempo que a cheesecake leva na geladeira até ficar firme é, em média, 2 horas.*

## – MODO DE PREPARO –

### *Massa*

1. Preaqueça o forno a 180 °C (temperatura média).
2. Faça uma massa triturando os biscoitos e misturando com a manteiga derretida.
3. Forre uma fôrma de fundo removível de 20 cm de diâmetro com a massa, pressionando com os dedos por toda a fôrma.
4. Leve ao forno preaquecido para assar por 8 minutos. Enquanto a massa esfria, faça o recheio.

### *Recheio*

1. Em um processador de alimentos, misture o cream cheese com o açúcar.
2. Adicione as gemas aos poucos, depois a essência de baunilha.
3. Incorpore o creme de leite e reserve.

### *Montagem*

1. Preaqueça o forno a 180 °C (temperatura média).
2. Preencha a massa com o creme e leve ao forno preaquecido para assar por 15 minutos. Em seguida, reduza bem a temperatura e deixe assar por mais 40 minutos, ou até que o centro fique opaco.
3. A cheesecake ainda estará com aspecto mole e só ficará firme depois de passar pelo menos 2 horas na geladeira.

### *Palavra da chef*

- *Você pode servir a cheesecake com uma compota de sua preferência. Eu amo com uma compota pedaçuda de goiaba!*

# COBBLER
## DE MAÇÃS E AMORAS

Médio | 6 pessoas | 1h30min (+3h)*

## – INGREDIENTES –

*Massa*

- 2 xícaras (chá) de farinha de trigo
- 60 g de manteiga sem sal em cubos
- ¼ de xícara (chá) de açúcar refinado
- ½ colher (chá) de fermento em pó
- Raspas e suco de 1 limão-taiti
- 1 ovo grande levemente batido
- ¼ de xícara (chá) de leite integral

*Recheio*

- 6 maçãs descascadas e cortadas finamente
- 2 colheres (sopa) de manteiga sem sal
- 5 colheres (sopa) de açúcar mascavo
- Raspas e suco de 1 limão-taiti
- 250 g de amoras

*Finalização*

- 1 ovo batido para pincelar
- Açúcar demerara para polvilhar

---

\* O tempo de descanso da massa para esta receita é de 3 horas.

## – MODO DE PREPARO –

*Massa*

1. Misture a farinha e a manteiga com as pontas dos dedos até obter uma farofa.
2. Junte o açúcar, o fermento, o suco e as raspas do limão e misture com o ovo batido.
3. Adicione o leite até formar uma massa leve e maleável.
4. Envolva a massa em filme plástico e deixe descansar na geladeira por 3 horas.

*Recheio*

1. Coloque as maçãs em uma panela com a manteiga, o açúcar mascavo, o suco e as raspas do limão e cozinhe em fogo brando até ficarem macias.
2. Retire do fogo e adicione as amoras. Misture.
3. Despeje a mistura em uma assadeira de aproximadamente 25 cm de diâmetro.

*Finalização*

1. Preaqueça o forno a 180 °C (temperatura média).
2. Abra a massa com 1 cm de espessura e corte círculos de 2 a 3 cm.
3. Distribua os discos sobre as frutas, bem pertinho uns dos outros, podendo até sobrepô-los em algumas partes (as frutas devem ficar cobertas).
4. Pincele com o ovo batido e polvilhe o açúcar demerara.
5. Leve para assar no fogo preaquecido por 30 minutos, até que a superfície fique dourada.

## *Palavra da chef*

- *Sirva quente com sorvete de canela ou baunilha, é uma delícia!*

# Cuca de Banana

Médio | 8 pessoas | 1h30min

## – INGREDIENTES –

*Farofa*
- 100 g de manteiga sem sal
- 1 xícara (chá) de açúcar
- 100 g de farinha de amêndoas
- 100 g de farinha de trigo
- 1 pitada de canela

*Massa*
- 200 g de farinha de trigo
- 140 g de farinha de amêndoas
- 300 g de açúcar de confeiteiro
- 6 claras
- 150 g de manteiga sem sal derretida
- 300 g de banana-nanica madura cortada em cubinhos
- 150 g de uvas-passas
- Canela a gosto
- Manteiga e farinha para untar

## – MODO DE PREPARO –

### *Farofa*

1. Com as pontas dos dedos, misture todos os ingredientes, de modo que formem grumos. Reserve.

### *Massa*

1. Misture a farinha de trigo, a farinha de amêndoas e o açúcar de confeiteiro. Reserve.
2. Bata as claras em neve e depois adicione a mistura de farinhas e açúcar, mexendo delicadamente. Acrescente aos poucos a manteiga ainda morna.
3. Em um recipiente separado, misture as bananas com as uvas-passas e tempere-as com a canela.

### *Montagem*

1. Preaqueça o forno a 170 °C (temperatura baixa).
2. Unte forminhas de muffin com manteiga e farinha e encha-as até a metade com a massa.
3. Espalhe a banana misturada com as passas e complete o restante das forminhas com a massa, cobrindo-as com a farofa.
4. Leve ao forno preaquecido para assar por cerca de 40 minutos.

## *Palavra da chef*

- *Para verificar se está pronta, você pode espetar um palito na massa. Ele deve sair limpo, e a farofa deve estar douradinha.*

# BROWNIE

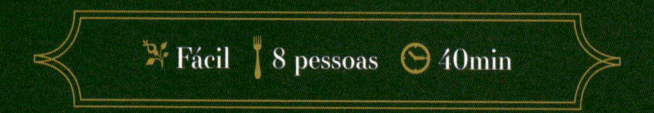

Fácil | 8 pessoas | 40min

## – INGREDIENTES –

- 650 g de manteiga sem sal
- 750 g de chocolate em pó 50%
- 11 ovos
- 7 g de sal
- 1 kg de açúcar de confeiteiro
- 7 mL de extrato de baunilha
- 100 g de nozes levemente picadas
- 75 g de pistache sem casca
- 75 g de amêndoas levemente picadas

## – MODO DE PREPARO –

1. Preaqueça o forno a 160 °C (temperatura baixa).
2. Derreta a manteiga com o chocolate em pó em banho-maria. Reserve.
3. Bata muito bem os ovos, o sal e o açúcar de confeiteiro até obter um creme homogêneo de cor clara. Por fim, adicione a baunilha.
4. Certifique-se de que a mistura de manteiga e chocolate esteja em temperatura ambiente antes de acrescentá-la ao creme de ovos, misturando cuidadosamente até homogeneizar.

5. Adicione as nozes, os pistaches e as amêndoas.
6. Forre um tabuleiro com papel-manteiga e espalhe a massa sobre ele. Leve ao forno preaquecido para assar por 20 minutos. Depois desse tempo, aumente a temperatura para 180 °C por mais 10 minutos para finalizar.

## Blondie de Mirtilos

Fácil | 8 pessoas | 1h

### – INGREDIENTES –

*Massa*
- 200 g de manteiga sem sal
- 200 g de chocolate branco
- 4 ovos
- 200 g de açúcar
- Raspas de 2 limões-sicilianos
- 4 colheres (sopa) de suco de limão-siciliano
- 200 g de farinha
- 80 g de mirtilo

*Calda*
- 200 g de açúcar de confeiteiro
- 1 clara
- ½ colher de suco de limão-siciliano
- Raspas de limão-siciliano

## – MODO DE PREPARO –

1. Preaqueça o forno a 180 ºC (temperatura média).
2. Derreta o chocolate com a manteiga em banho-maria.
3. Bata os ovos com o açúcar e misture com o chocolate branco e a manteiga. Acrescente as raspas e o suco de limão, a farinha e, por último, os mirtilos.
4. Forre uma fôrma quadrada ou retangular com papel-manteiga, despeje a massa e leve para assar no forno preaquecido por 25 a 30 minutos.
5. Para finalizar, misture todos os ingredientes da calda e depois derrame sobre o bolo.

### *Palavra da chef*

- *Você pode usar framboesas ou amoras no lugar dos mirtilos, ou então uma mistura das três frutas. Fica ótimo!*

# Crumble de Banana

*Fácil | 6 pessoas | 1h20min*

## – INGREDIENTES –

- 50 g de uva-passa
- 50 mL de rum
- 100 g de manteiga sem sal
- 150 g de aveia em flocos grandes
- 100 g de açúcar mascavo
- 300 g de banana-nanica cortada em rodelas

## – MODO DE PREPARO –

1. Preaqueça o forno a 180 °C (temperatura média).
2. Coloque as uvas-passas no rum e deixe-as descansar por cerca de 1 hora.
3. Com as pontas dos dedos, misture a manteiga gelada com a aveia e o açúcar mascavo. A mistura deve ficar com aspecto de uma farofa grossa.
4. Em fôrmas individuais ou ramequins, disponha circularmente as rodelas de banana, regue-as com rum e passas e finalize com a farofa.
5. Leve para assar no forno preaquecido por 15 a 20 minutos.

## Palavra da chef

- O crumble pode ser feito com outras frutas, como maçã e abacaxi, mas essas frutas devem ser cortadas em cubos pequenos e misturadas ao rum e às passas. O resto do processo é o mesmo.

# Cocada de Forno

Fácil | 8 pessoas | 1h40min

## – INGREDIENTES –

- 560 g de açúcar
- 500 mL de água de coco
- 500 g de coco fresco ralado
- 30 g de manteiga sem sal
- 5 mL de essência de baunilha
- 200 g de ovo pasteurizado (ou 4 ovos)

## – MODO DE PREPARO –

1. Preaqueça o forno a 120 °C (temperatura baixa).
2. Reserve 1 colher (sopa) de açúcar e leve o restante para ferver junto com a água de coco, mexa somente até dissolver e deixe formar uma calda em ponto de fio.
3. Acrescente o coco ralado e mexa com cuidado até ficar uma mistura úmida, mas sem líquido excedente. Então, acrescente a manteiga e a baunilha. Desligue o fogo e deixe amornar.
4. Bata os ovos com o açúcar reservado até formar um creme e adicione-o ao coco ralado.

5. Unte um tabuleiro com manteiga e acomode a mistura.

6. Leve para assar no forno preaquecido por 50 minutos. Depois desse tempo, aumente a temperatura do forno para 140 °C e deixe assar por 20 minutos.

## CARLA PERNAMBUCO

"Sou chef de cozinha, empreendedora na área de restaurantes, produtora de conteúdo e de projetos de alimentação. Dirijo meu próprio restaurante, o Carlota, que vai completar 30 anos, e o estúdio de cozinha CP, há 18, em São Paulo – os dois no bairro Higienópolis. Uso a comida, o food design e a minha experiência como comunicadora e produtora de conteúdo como ferramentas para construir projetos. Nos últimos 30 anos, trabalhei com empresas, instituições, restaurantes e marcas de maneira única. Cada projeto conta com o apoio multidisciplinar de diversos profissionais. Me instiga provocar e surpreender, agitar mentes, fundir culturas na mesa, aquecer corações em qualquer experiência que crio."

## *Quem colaborou neste projeto*

## CLARISSA ZAPPE

"Faço tudo com, pela e por comida — e isso me define. A minha formação em gastronomia e direção de fotografia veio antes, durante e junto dessa jornada profissional de desenvolvimento de conteúdo para marcas de gastronomia. Fui me especializando em como contar histórias sobre comida, levando programas, chefs, apresentadores e cozinheiros, com suas receitas e pratos, para a televisão, web, livros e publicações diversas em sua melhor versão. São mais de 15 anos criando, planejando, executando, produzindo e dirigindo projetos que deixam o apetite e o coração mais quentinhos."

## LUIZA ESTIMA

"Sou escritora e jornalista especializada em comida. Assino colunas, reportagens e livros com a temática do entretenimento cultural e gastronômico. Em 2021, lancei meu livro de poesia intitulado *Trapiche: poemas lançados ao mar*. Um dos poemas do livro ganhou melodia e virou a canção "Ponte". Venci o concurso Dunas (2020) com "Areia e mar", poema que também está no *Trapiche*. Tenho verbetes poéticos publicados em uma coletânea, *O dicionário do profundo* (2021). Estreei no conto com a narrativa "Bandoneon", terceiro lugar no concurso literário da Pontifícia Universidade Católica do Rio Grande do Sul (PUCRS), onde sou graduanda do curso de escrita criativa. Escrevo para mim e para terceiros."

## MARCELA BADOLATTO

"Sou paulistana, artista visual graduada em design e mestre em ilustração pela Accademia di Belle Arti di Macerata, na Itália. Iniciei a carreira como ilustradora e capista de livros, trabalhando para editoras no Brasil e no exterior. Fui uma das vencedoras do prêmio anual Latin American Ilustración, em 2014, e finalista no Young Illustrators Award, em Berlim. Amo tattoos, ingressei nesse universo e conquistei espaço internacional, levando minha arte a estúdios em Paris, Roma, Barcelona e Nova York. Vivo e trabalho em São Paulo, em meu estúdio, onde exploro materiais e criações para toda a arte que ainda quero produzir."

# Índice de receitas

Arroz de forno 108
Bacalhau à portuguesa 72
Batata gratinada 110
Batatas orange com purê de alho 98
Biscoito de polvilho 39
Blondie de mirtilos 142
Bolo de chocolate com caramelo e pistache 126
Bom-bocado de aipim 133
Brownie 140
Caldo de legumes 93
Carne assada clássica 45
Cheesecake tradicional 134
Cobbler de maçãs e amoras 136
Cocada de forno 146
Cogumelos portobello gratinados 104
Confit de pato 68
Costelinha suína cozida em baixa temperatura 52

Couve-flor à provençal 116
Crispy de risoto 114
Crumble de banana 144
Cuca de banana 138
Cupim assado 54
Demi-glace 94
Empadinhas de palmito pupunha 32
Empanadas de carne 36
Farofa de ervas 118
Filé Wellington 48
Fonduta de queijo azul 82
Frango da Carlota 64
Frango de padaria 62
Fusilli mac & cheese 120
Galetinho 79
Joelho de porco assado 56
Lombo suíno 50
Molho à meunière 91
Molho bechamel 92

## ÍNDICE DE RECEITAS

Molho chimichurri **88**
Molho de mostarda **83**
Molho de tomate **87**
Molho espanhol **84**
Molho oriental **90**
Nhocão **119**
Ossobuco ao vinho branco **58**
Paleta de cordeiro **46**
Pargo assado oriental **66**
Pastel de forno de bauru **35**
Pastel integral com mix de cogumelos **29**
Petit gâteau de limão-siciliano **124**
Polpetone de linguado **74**
Pudim de doce de leite **132**
Quibe de abóbora **27**

Quindim de maracujá **128**
Ratatouille **112**
Rillettes de galinha-d'angola **70**
Rosbife **44**
Salsa criolla **89**
Suflê de cenoura com queijo canastra **25**
Torta cremosa de chocolate **130**
Torta de abobrinha com emmenthal **22**
Torta de cebola com roquefort **100**
Torta de pato com olivas **76**
Torta trigratinada **102**
Tortilha de batata **106**
Tortinha de batata com camarão **20**
Wellington vegetariano **40**

Administração Regional do Senac no Estado de São Paulo
**Presidente do Conselho Regional**
Abram Szajman
**Diretor do Departamento Regional**
Luiz Francisco de A. Salgado
**Superintendente Universitário e de Desenvolvimento**
Luiz Carlos Dourado

Editora Senac São Paulo
**Conselho Editorial**
Luiz Francisco de A. Salgado
Luiz Carlos Dourado
Darcio Sayad Maia
Lucila Mara Sbrana Sciotti
Luís Américo Tousi Botelho

**Gerente/Publisher:** Luís Américo Tousi Botelho
**Coordenação Editorial:** Verônica Pirani de Oliveira
**Prospecção:** Dolores Crisci Manzano
**Administrativo:** Marina P. Alves
**Comercial:** Aldair Novais Pereira

**Textos:** Clarissa Zappe e Luiza Estima
**Edição e Preparação de Texto:** Ana Luiza Candido e Camila Lins
**Revisão de Texto:** Caique Zen Osaka
**Coordenação de Revisão de Texto:** Marcelo Nardeli
**Projeto Gráfico, Capa e Ilustrações:** Marcela Badolatto
**Editoração Eletrônica:** Antonio Carlos De Angelis
**Coordenação de E-books:** Rodolfo Santana
**Impressão e Acabamento:** Gráfica Coan

Proibida a reprodução sem autorização expressa.
Todos os direitos desta edição reservados à

**Editora Senac São Paulo**
Av. Engenheiro Eusébio Stevaux, 823 – Prédio Editora
Jurubatuba – CEP 04696-000 – São Paulo – SP
Tel. (11) 2187-4450
editora@sp.senac.br
https://www.editorasenacsp.com.br

© Editora Senac São Paulo, 2024